Partsch | Einführung in das Studium der Kunstgeschichte

Reclam premium

Susanna Partsch

Einführung in das Studium der Kunstgeschichte

Reclam

Bibliographisch ergänzte Ausgabe 2022

RECLAMS UNIVERSAL-BIBLIOTHEK Nr. 14302
2014, 2022 Philipp Reclam jun. Verlag GmbH,
Siemensstraße 32, 71254 Ditzingen
info@reclam.de
Umschlagabbildung: Bibliothek und Studiensaal der Kunstsammlungen im Unteren Belvedere, Aquarell von Carl Goebel, 1889; Wien, Kunsthistorisches Museum – akg-images
Umschlagklappen: vordere Klappe, unten: akg-images; alle anderen: Wikimedia Commons
Druck und Bindung: Elanders Waiblingen GmbH, Anton-Schmidt-Straße 15, 71332 Waiblingen
Printed in Germany 2025
RECLAM, UNIVERSAL-BIBLIOTHEK und RECLAMS UNIVERSAL-BIBLIOTHEK sind eingetragene Marken der Philipp Reclam jun. GmbH & Co. KG, Stuttgart
ISBN 978-3-15-014302-5
reclam.de

Inhalt

1 Einführung: Was will das Fach Kunstgeschichte?

Das Studium der Kunstgeschichte befähigt dazu, Kunstwerke in einen zeitlichen, räumlichen und gattungsspezifischen Rahmen einzuordnen. Dazu gehört auch die Analyse des einzelnen Werks. Hinzu kommt die Erhaltung und Bewahrung der Werke, was häufig mit dem Sammeln einhergeht.

Die Kunstgeschichte gehört innerhalb der Geisteswissenschaften zu den historischen Wissenschaften. Zeitlicher Beginn ist das frühe Mittelalter. Geographisch ist sie traditionell auf den christlich-europäischen Kulturkreis beschränkt, der sich bereits durch die Kreuzzüge, dann aber vor allem mit der Kolonialisierung erweiterte. Globalisierung und internationale Moderne sind Phänomene, die zu einer weiteren geographischen Öffnung führen. Die außereuropäischen Kulturen werden meist von Wissenschaften wie Afrikanistik, Altamerikanistik und den verschiedenen asiatischen Wissenschaften abgedeckt, sind aber in Einzelfällen auch bei der Kunstgeschichte angesiedelt. Ebenso beschäftigen sich andere Disziplinen wie die Archäologie mit der Kunst der antiken Kulturen. Spätantike und Byzanz werden mal zur Kunstgeschichte, mal zur Archäologie gerechnet und haben an wenigen Universitäten eigene Institute.

Neben der zeitlichen und geographischen Beschränkung gibt es die Einteilung nach Gattungen. Zu den klassischen Gattungen Architektur, Skulptur, Malerei, Grafik und Kunsthandwerk kommen heute noch Fotografie, Film, performative Kunst, Videokunst und andere künstlerische Ausdrucksformen hinzu, bei denen die Grenzen zu den Theaterwissenschaften teilweise fließend sind. Einen neuen Zweig der Kunstgeschichte stellt die Bildwissenschaft dar.

Im Laufe der Zeit haben sich unterschiedliche Methoden der Analyse entwickelt, die sich teilweise ergänzen, teilweise aber auch gegenseitig ausschließen.

Das vorliegende Buch will einerseits bei der Überlegung helfen, ob ein Studium des Fachs für Leserinnen oder Leser in Frage kommt, richtet sich aber gleichermaßen auch an Studienanfänger und will zudem all denen Informationen zukommen lassen, die sich für das Fach Kunstgeschichte interessieren.

Für eine bessere Lesbarkeit des Textes haben sich Autorin und Verlag darauf geeinigt, die männlichen Formen von Berufsbezeichnungen zu wählen, wobei die weiblichen natürlich impliziert sind.

11 Geschichte des Fachs

Spätestens seit die Menschen sesshaft wurden, schufen sie Artefakte, also künstlich erschaffene Gegenstände. Das konnten Werkzeuge sein, aber eben auch Dinge, die keinen erkennbaren Gebrauchswert besitzen und damit als Kunstwerke bezeichnet werden können. Berühmte Beispiele sind die Venus von Willendorf (um 25 000 v. Chr., 11 cm hoch, Kalkstein, Wien, Naturhistorisches Museum), der Löwenmensch (um 35 000 v. Chr., 30 cm, Mammut-Elfenbein, Ulm, Ulmer Museum; Abb. 1) oder die Wandbilder in der Grotte Chauvet (um 35 000 v. Chr., Wandmalereien, Höhle im Tal der Ardèche, Südfrankreich).

Nicht lange nach Erfindung der Schriftsprache wurden Kunstwerke auch beschrieben (so im *Gilgamesch*-Epos,

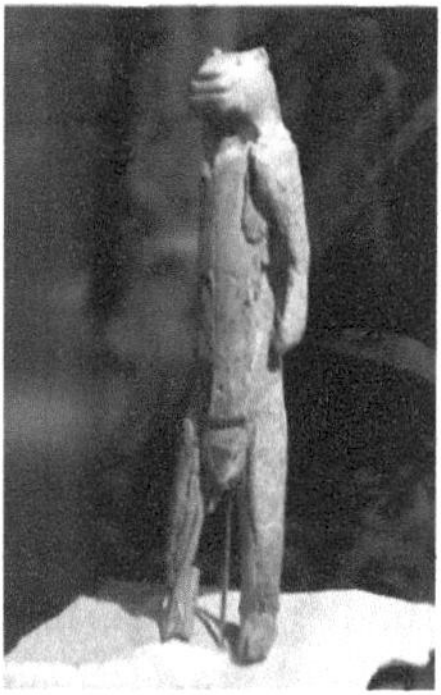

Abb. 1: Löwenmensch, um 35 000 v. Chr., Mammut-Elfenbein

wohl um 2600 v. Chr. erstmals schriftlich niedergelegt), später dann bei den Ägyptern und Griechen Anekdoten von den ausführenden Malern, Bildhauern, Architekten, Goldschmieden erzählt. Doch unter den Musen, den Schutzgöttinnen der Künste im antiken Griechenland, fand sich keine, die die bildenden Künste vertrat. Und auch bei den sieben freien Künsten, den Artes liberales, die seit der Spätantike überliefert sind und im Mittelalter große Bedeutung besaßen, fehlten sie. Erst in der Renaissance wurden Malerei und Bildhauerei nicht mehr zu den Handwerken gerechnet. Die ersten Akademien entstanden. Doch bis sich die Künstler in Europa flächendeckend nicht mehr in Zünften organisieren mussten, dauerte es wiederum einige Jahrhunderte.

Einer der ersten, der die Forderung aufstellte, dass die Bildenden Künste zu den Artes liberales gezählt werden sollten und dem die Gründung einer Akademie gelang, war Giorgio Vasari. Der Maler und Architekt ist heute weniger seiner Bilder und Bauten wegen berühmt als wegen seines Traktats der *Lebensbeschreibungen berühmter Künstler*, durch das er zum »Vater der Kunstgeschichte« avancierte.

1 Giorgio Vasari, Vater der Kunstgeschichte?

Giorgio Vasari wurde 1511 in Arezzo geboren und starb 1574 in Florenz. Der Sohn eines angesehenen Töpfers erhielt bereits in seiner Heimatstadt eine grundlegende humanistische Bildung und lernte in der Werkstatt des Glasmalers Guillaume de Marcillat (um 1470–1529), bevor er 1524 die Gelegenheit bekam, nach Florenz zu gehen. Der Dreizehnjährige wurde dort zusammen mit den gleichaltrigen Medici-Vettern Alessandro (1510/11–1537) und Ippolito (1511–1535) unterrichtet. Ihr Lehrer war der auf antike Mythologie spezialisierte Humanist Pierio Valeriano (1477–1558), Verfasser der *Hieroglyphica*, der auf Vasari großen Einfluss ausübte. Außerdem lernte er in den Werkstätten des Malers Andrea del Sarto (1486–1530) und des Bildhauers Baccio Bandinelli (1488–1560). Nach dem Sturz der Medici 1527 musste auch Vasari Florenz verlassen. Er nahm Aufträge in Arezzo, Bologna und Pisa an, bis er 1532 wieder in den Dienst der nach Florenz zurückgekehrten Medici genommen wurde. 1531 war Alessandro Herzog von Florenz geworden. Kardinal Ippolito schickte Vasari nach Rom, wo er die antiken Kunstwerke studieren konnte, aber auch mit den Werken von Michelangelo (1475–1564) und Raffael (1483–1520) in Berührung kam. Nach dem gewaltsamen Tod seiner beiden Förderer innerhalb von zwei Jahren hielt sich Vasari an unterschiedlichen Orten Italiens auf, führte Aufträge aus, arbeitete aber wohl auch bereits an den *Lebensbeschreibungen*. Erst 1555 ging sein langersehnter Wunsch in Erfüllung, Hofkünstler bei dem seit 1537 regierenden Herzog von Florenz und späteren Großherzog der Toskana, Cosimo I. de' Medici (1519–1574), zu werden. Bereits fünf Jahre zuvor, also 1550, war die Erstausgabe der *Lebensbeschreibungen* erschienen. In Florenz wurde Vasari nun zum führenden Architekten, der erst den Palazzo Vecchio (oder della Signoria), Amtssitz des Herzogs, umgestaltete, diesen mit einem ausführlichen Bildprogramm versah und dann die Uffizien baute. Auf seine Initiative hin wurde 1563 mit der Accademia delle Arti del Disegno die erste Künstler-Akademie gegründet, ihrem Namen nach für die Kunst des Zeichnens (*disegno*) zuständig. Ihre Mitglieder sorgten unter anderem für eine systematische Ausbildung junger Künstler. Damit erhielten die Bildenden Künstler endlich den Status von Humanisten und Literaten, allerdings nur in Florenz. Es sollte noch lange dauern, bis sich die Akademien als Ausbildungsstätten für Künstler flächendeckend durchsetzten.

Mit den *Lebensbeschreibungen der berühmtesten Maler, Bildhauer und Architekten* (*Le vite de' più eccellenti architetti, pittori et scultori italiani*) verfolgte Vasari ebenfalls das Ziel, die Bedeutung der einzelnen Künstler hervorzuheben und sie vor dem Vergessen zu bewahren. Die erste Ausgabe von 1550, die bei dem Buchdrucker Lorenzo Torrentino in Florenz erschien, wird Torrentina genannt, die stark überarbeitete Neuauflage von 1568 dementsprechend Giuntina nach dem ebenfalls in Florenz ansässigen Verleger Giunti (Abb. 2). Bei den einzelnen Künstler-Viten bediente sich Vasari bereits existierender Bücher, die ebenfalls Lebensbeschreibungen von Künstlern wiedergaben wie die sogenannten *Commentarii* von Lorenzo Ghiberti (um 1378–1455), die um 1450 erschienen waren. Der große Unterschied zu diesen und anderen Quellen bestand darin, dass Vasari mit Hilfe seiner Viten eine Entwicklungsgeschichte der Kunst konstruierte, die ihre Anfänge bei Cimabue (um 1240–1301/02) und Giotto (1267–1337) hat. Sie und ihre zeitgenössischen Malerkollegen markieren den Beginn, quasi die Kindheit der Malerei. Dem folgt mit den Künstlern des 15. Jahrhunderts die Jugend, um dann im eigenen, dem 16. Jahrhundert die Vollendung, den Höhepunkt der Kunst zu finden. Größtes Genie bleibt in beiden Ausgaben Michelangelo (1475–1564), dem es gelang, die Antike zu übertreffen. Gemäß der Einteilung des Buchs in drei Teile

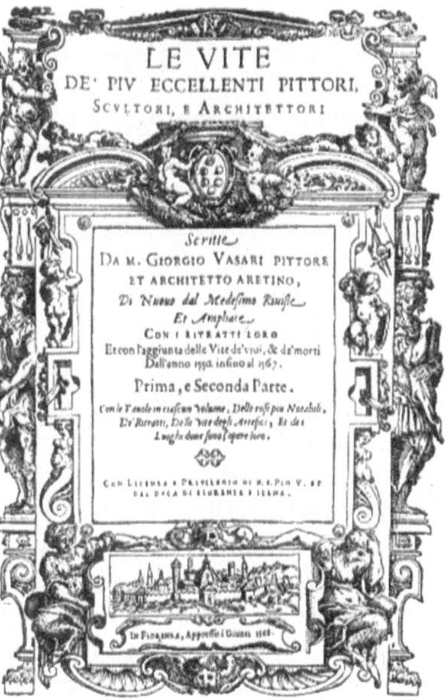
LE VITE
DE' PIV ECCELLENTI PITTORI,
SCVLTORI, E ARCHITETTORI
Scritte
DA M. GIORGIO VASARI PITTORE
ET ARCHITETTO ARETINO,
Di Nuouo dal Medesimo Riuiste
Et Ampliate
CON I RITRATTI LORO
Et con l'aggiunta delle Vite de' viui, & de' morti
Dall'anno 1550. insino al 1567.
Prima, e Seconda Parte.

Abb. 2: Giorgio Vasari, *Le Vite de più eccellenti architetti, pittori et scultori italiani*, 1568. Titelblatt der 2. Auflage

schrieb Vasari mehrere Vorreden, in denen er die Entwicklung aufzeichnete.

In der Vorrede zum Gesamtwerk beschäftigt sich Vasari mit dem sogenannten Paragone-Streit, der Frage, ob der Malerei oder der Bildhauerei der Vorzug unter den Künsten gegeben werden sollte. Vasari stellt den *disegno* (die Zeichnung oder Ideenskizze) über beide und führt als hervorragendes Beispiel Michelangelo an, der nicht nur Maler und Bildhauer war, sondern auch noch Architekt.

In der Vorrede zum ersten Teil bietet Vasari einen Überblick über die Kunstentwicklung von der Antike bis zu Cimabue, dem ersten Maler, der es wert war, in die Vite mit aufgenommen zu werden. Wichtig ist Vasaris Definition von Begriffen, die bis heute die Kunstrezeption prägen, etwa die Epochennamen Gotik und Renaissance. Außerdem konstruiert Vasari hier eine Entwicklungsgeschichte der Kunst.

Diese wird in der Vorrede zum zweiten Teil manifest, in der Vasari herausarbeitet, wie sehr sich die Kunst von der vorhergehenden, durch Cimabue, Giotto und deren Zeitgenossen repräsentiert, unterscheidet, vor allem in der Lebendigkeit der Darstellung. Die Werke von Brunelleschi (1377–1446), Donatello (1382/86–1466) und Masaccio (1401–1429) werden als herausragend hervorgehoben und damit als Dreigestirn konstituiert, das bis heute als Impulsgeber schlechthin in der Entwicklung zur Renaissancekunst gilt.

In der dritten Vorrede betont Vasari den hohen Stellenwert, den die Erfindungsgabe in der Kunst besitzt. Sie führt zur Überschreitung von berechenbaren Regeln, wie sie nur Großmeister vollbringen, die in der Moderne leben, so Leonardo (1452–1519), Raffael (1483–1520) und Michelangelo, der das Attribut »göttlich« (*divino*) erhält.

So wichtig diese theoretischen Überlegungen für die Entwicklung der Kunstgeschichte sind, so wichtig ist es ebenfalls, deutlich zu machen, dass Vasari auch Literat war und die einzelnen Viten selbst Legenden und Anekdoten enthalten, die er größtenteils erfand. Paul Barolsky betont, dass Vasaris Fabeln jedoch nicht rein fiktiv sind, denn Vasari habe sich die Wirklichkeit so vorgestellt, wie er sie in seinen Geschichten schilderte, und viele zeitgeschichtliche Fakten darin untergebracht. Denn durch die Viten erfahren die Leser viel über das höfische Leben der Zeit, über Künstlerwettstreite, Mäzene und Sammler. Und so ist dieses Buch auch eine Art historischer Roman, den zu lesen gewinnbringend ist. Was seinen Wahrheitsgehalt angeht, ist er allerdings mit einer gewissen Distanz zu betrachten. Hilfreich dabei ist die deutsche kommentierte Neuausgabe der *Lebensbeschreibungen*, die Alessandro Nova zu verantworten hat. Er stellt die Viten in einzelnen Bänden vor, die mit einem umfangreichen Anmerkungsapparat versehen sind. Darin werden Fakten korrigiert, wird zu jedem von Vasari erwähnten Detail Stellung bezogen und auf Legenden und Anekdoten verwiesen. Im Band *Kunstgeschichte und Kunsttheorie* (2004), in dem die Vorreden zu den einzelnen Teilen abgedruckt sind, befindet sich ein Glossar, das die einzelnen Begriffe Vasaris erklärt und in den kunsttheoretischen Kontext einbindet.

In der Vorrede zum Gesamtwerk vergleicht Vasari die unterschiedliche Vorgehensweise von Malerei und Skulptur unter anderem mit den Worten: »daß da, wo die Skulptur Stück für Stück [Materie] wegnehmend den von Natur aus körperhaften Dingen gleichzeitig Tiefe und Plastizität verleiht, wobei sie sich des Tastsinns und des Sehsinns bedient, die Maler in zwei Arbeitsschritten der ebenen Fläche mit Hilfe eines einzigen Sinns Plastizität und Tiefe geben.« Unter der Voraussetzung, dass ein solches Vorgehen von einer kunstverständigen Person ausgeführt wird – so fährt Vasari fort – hat es »auf höchst angenehme Weise viele große Männer getäuscht, ganz zu schweigen von den Tieren, etwas, das man bei der Skulptur nie beobachtet hat, da sie die Natur nicht in jener, wie man wohl sagen darf, so vollkommenen Weise nachahmt wie die Malerei« (*Kunsttheorie und Kunstgeschichte*, S. 35 f.)

Es folgen zahlreiche Beispiele, bei denen die Überlegenheit von Malerei einerseits und Bildhauerei andererseits beschrieben werden, um dann aber zu dem Schluss zu gelangen, »daß Skulptur und Malerei in Wahrheit Schwestern sind, die von einem Vater – dem *disegno* – abstammen und aus einer Geburt zugleich hervorgegangen sind; demnach übertreffen sie sich nicht gegenseitig, wenn nicht durch die Fähigkeit und Kraft der in ihnen tätigen Künstler der eine den anderen hinter sich läßt, keinesfalls aber aufgrund eines Unterschieds oder dem Grad an Adel, der sich tatsächlich in beiden findet« (ebd., S. 39).

Werkausgaben

Edition Giorgio Vasari. Hrsg. von Alessandro Nova [u. a.]. 45 Bde. Berlin 2004–14.

Bd. 1: Kunsttheorie und Kunstgeschichte. Eine Einführung in die Lebensbeschreibungen der berühmten Künstler anhand der Prooemien. Neu übers. von Victoria Lorini. Hrsg., eingel. und komm. von Matteo Burioni und Sabine Feser. Berlin 2004. [Mit ausführlicher Bibliographie.]

Leben der ausgezeichnetsten Maler, Bildhauer und Baumeister. Dt. Ausg. von Ludwig Schorn und Ernst Förster. Neu hrsg. und eingel. von Julian Kliemann. Worms ²1988.

Le vite de' più eccelenti architetti, pittori et sculptori italiani da Cimabue insino a' tempi nostri. Con nuove annotazioni e commenti di Gaetano Milanesi. 9 Bde. Florenz 1998. [Reprint der Ausg. von 1906; erste Ausg.: Florenz 1878–85.]

Literatur

Barolsky, Paul: Warum lächelt Mona Lisa? Vasaris Erfindungen. Berlin 1995.

– Giottos Vater. Vasaris Familiengeschichten. Berlin 1996.

2 Winckelmann, Ordnungskriterien der Kunstwerke

Zweihundert Jahre später boten die Arbeiten des deutschen Antiquars und Bibliothekars, Johann Joachim Winckelmann (1717–1768), neue Ansätze für den Umgang mit Kunstwerken und ihre Einordnung (Abb. 3). Aus einfachen Verhältnissen stammend, wurde Winckelmann bereits während der Schulzeit in Stendal gefördert und musste so nicht das väterliche Handwerk des Schusters erlernen. Er studierte erst Theologie, dann Medizin, verzichtete auf eine Prüfung und wurde Konrektor an einer Schule, bis sich ihm 1748 die Gelegenheit bot, Bibliothekar bei dem Grafen Heinrich von Bünau in Nöthnitz bei Dresden zu werden. Dort verfasste er sein erstes Werk, die *Gedanken über die Nachahmung der griechischen Werke*, in dem er erstmals die Begriffe der »edlen Einfalt« und »stillen Größe« gebrauchte. Diese erste Schrift schrieb er ohne jegliche Kenntnis antiker Werke aus eigener Anschauung. 1754 erhielt er dann das Angebot des päpstlichen Nuntius in Sachsen, Bibliothekar in Rom zu werden. Wickelmann ließ sich von dem damals in Dresden lebenden Maler Adam Friedrich Oeser (1717–1799) in der Zeichenkunst unterrichten und lebte dann ab 1755 in Rom. Von dort aus unternahm er verschiedene Reisen nach Neapel und Pompeji. Seine Kenntnis der antiken Werke führte nicht nur zu mehreren Veröffentlichungen, unter denen die *Geschichte der Kunst*

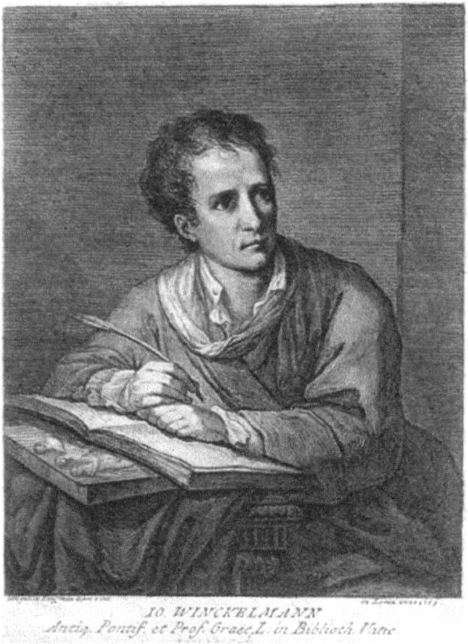

Abb. 3: Angelika Kauffmann, *Johann Joachim Winckelmann*, 1764, Radierung/Aquatinta

des Altertums von 1764 als seine wichtigste gilt, sondern auch zum Posten des Oberaufsehers für die Altertümer in Rom, zu dem ihn Papst Clemens XIII. 1763 ernannte. 1768 wurde Winckelmann auf einer Reise in Triest ermordet.

Im Unterschied zu Vasari, dem der Holländer Carel van Mander (1548–1606), der Franzose André Félibien (1619–1695) und der Deutsche Joachim von Sandrart (1606–1688) in der Abfassung von Künstlerviten nacheiferten, war Winckelmann kein Bildender Künstler, sondern ein Gelehrter, der die Kunst aus einer anderen Perspektive betrachtete und sich nicht mit der zeitgenössischen, sondern vor allem mit der vergangenen Kunst des Altertums beschäftigte. Wie Vasari ordnete er die Kunst in verschiedene Entwicklungsstufen ein, doch beschränkte er sich auf die antike Kunst. Einem älteren, archaischen Stil folgte der »große« oder »sublime« Stil des Phidias (um 500 – um 432 v. Chr.), der »schöne« Stil des Praxiteles (um 390 – um 320 v. Chr.) und dann der Stil der Nachahmer, der die lange Zeit vom Niedergang des Alexanderreichs (um 320/300 v. Chr.) bis zur Endzeit des Römischen Reichs (um 475 n. Chr.) umfasste.

Eine solche Einteilung in Entwicklungsstadien fand Winckelmann auch bei anderen antiken Völkern. Hinzu kam für ihn der Begriff der Schönheit, den er mit der bereits benannten »edlen Einfalt« und »stillen Größe« charakterisierte. Dieses Begriffspaar sollte auch die Künstler seiner Zeit leiten und zu einer Abwendung von den von ihnen als überladen empfundenen Darstellungen des Barock und Rokoko führen, hin zum Klassizismus, dessen Verbreitung auch durch Winckelmann befördert wurde.

Allerdings widersprach sich Winckelmann insofern selbst, als er einerseits auf die Unnachahmlichkeit der griechischen Kunst hinwies, um dann andererseits die zeitgenössischen Künstler dazu aufzufordern, sich an genau dieser Kunst zu orientieren. Um diesen Widerspruch aufzulösen, unterschied er in einem Aufsatz von 1759 zwischen der angeblich kreativen Nachahmung und der reinen Nachmachung, hob diesen Unterschied dann aber wieder auf, da er bei den verschiedenen Entwicklungsstufen den Stil der Nachahmer der Zeit des Niedergangs zuordnete.

An zentraler Stelle stand darüber hinaus die Forderung, den Blick an Originalen zu schulen und bei den antiken Skulpturen zwischen dem ursprünglichen Werk und den späteren Hinzufügungen zu unterscheiden. Voraussetzung für jegliche Interpretation sei die Sichtbarmachung des originalen Bestands. Diese Vorgehensweise ließ sich auch auf die Kunstgeschichte übertragen, wodurch Winckelmann heute als Begründer sowohl der Archäologie als auch der Kunstgeschichte gilt, stellte er doch das Kunstwerk an die zentrale Stelle seiner Forschungen und ließ es damit etwa der Untersuchung eines Textes in der Philologie vergleichbar erscheinen. Es sollte nun nicht mehr lange dauern, bis die Kunstgeschichte zu einer universitären Disziplin, zu einer Wissenschaft wurde.

Aus *Gedanken über die Nachahmung der griechischen Werke in der Malerei und Bildhauerkunst* von 1755:

»Das allgemeine vorzügliche Kennzeichen der griechischen Meisterstücke ist endlich eine edle Einfalt, und eine stille Grösse, so wohl in der Stellung als im Ausdrucke. So wie die Tiefe des Meers allezeit ruhig bleibt, die Oberfläche mag noch so wüten, eben so zeiget der Ausdruck in den Figuren der Griechen bey allen Leidenschaften eine grosse und gesetzte Seele. Diese Seele schildert sich in dem Gesichte des Laocoons, und nicht in dem Gesichte allein, bey dem heftigsten Leiden. [...]

Die edle Einfalt und stille Grösse der griechischen Statuen ist zugleich das wahre Kennzeichen der griechischen Schriften aus den besten Zeiten, der Schriften aus Socrates Schule; und diese Eigenschaften sind es, welche die vorzügliche Grösse eines Raphaels machen, zu welcher er durch die Nachahmung der Alten gelanget ist.« (*Gedanken über die Nachahmung der griechischen Werke in der Malerei und Bildhauerkunst*, S. 21 f., 24.)

Schriften

Sämtliche Werke. Einzige vollständige Ausgabe. Hrsg. von Joseph Eiselein. Donaueschingen 1825–29. [Auch online.]
Schriften und Nachlass. Hrsg. von der Akademie der Wissenschaften und der Literatur Mainz. Bd. 1 ff. Mainz 1996 ff. [Bislang 10 Bände erschienen.]
Gedanken über die Nachahmung der griechischen Werke in der Malerei und Bildhauerkunst. 2. Aufl. Dresden/Leipzig 1756.

Literatur

Décultot, Elisabeth: Johann Joachim Winckelmann (1717–1768). In: Pfisterer, Ulrich (Hrsg.): Klassiker der Kunstgeschichte. Bd. 1: Von Winckelmann bis Warburg. München 2007. S. 12–28. [Mit weiterführender Literatur.]
Justi, Carl: Winckelmann und seine Zeitgenossen. 2 Bde. Leipzig 1866–72. – 5. Aufl. in 3 Bdn. Hrsg. von Walther Rehm. Köln 1956.
www.winckelmann-gesellschaft.com

3 Kunstgeschichte als Disziplin

Das 19. Jahrhundert ist unter anderem geprägt durch die Überwindung alter Herrschaftsordnungen und die Gründung von Nationalstaaten. Ausgangspunkt war die Französische Revolution von 1789. Im Anschluss daran wurden Kunstwerke aus Klöstern, Kirchen, aber auch aus fürstlichen Sammlungen in Museen verbracht, die der Öffentlichkeit – wenn auch am Anfang nur sehr eingeschränkt – zugänglich waren. Die Einrichtung dieser Museen führte zwangsläufig zu einer neuen Ordnung der Kunstwerke. Diese verlangte auch nach einer theoretischen Systematik. Sie fand ihren Niederschlag in Überblickswerken, die vom frühen Mittelalter bis in die Gegenwart reichten und entweder nach geographischen Gesichtspunkten oder nach Epochen gegliedert waren, jedoch nicht nach Künstlern. Großformatige Abbildungen ließen daraus teilweise imaginäre Museen werden.

Luigi Lanzi (1732–1810) war an der 1781 abgeschlossenen Neuordnung der Florentiner Uffizien beteiligt. Sie gab den Anstoß zu seiner 1792 erstmals publizierten *Storia pittorica della Italia*, einer Geschichte der Malerei Italiens, deren endgültige Fassung 1809 erschien. Mit ihr wurde die Einheit Italiens kunsthistorisch belegt, politisch allerdings erst 1870 realisiert. Ein weiterer Schritt war dann die *Storia della scultura*, 1813–1816 von Leopoldo Cicognara (1767–1834) verfasst.

Zeitgleich erschien das bereits in den 1770er Jahren konzipierte Mammutwerk *Histoire de l'art par les monumens* (sic!) von Jean-Baptiste-Louis-Georges Seroux d'Agincourt (1730–1814) mit 3000 Abbildungen auf 325 Tafeln, das Architektur, Skulptur, Mosaik, Wand- und Buchmalerei sowie Goldschmiedekunst vom frühen Mittelalter bis ins 16. Jahrhundert behandelte. Der Schwerpunkt lag zwar geographisch auf Italien, doch wurden auch andere europäische Länder berücksichtigt bis hin zu Spanien und Schweden.

In Göttingen entstand damals ein Großprojekt, eine *Geschichte der Künste und der Wissenschaften*. Dazu gehörte die von Johann Dominicus Fiorillo (1748–1821) verfasste *Geschichte der zeichnenden Künste*, die er zwischen 1798 und 1820 in neun Bänden publizierte. Es handelt sich um eine Geschichte der Malerei, die vom frühen Mittelalter bis in die Gegenwart reicht und große Teile Europas mit einbezieht, also neben Italien, Frankreich, den Niederlanden und Deutschland auch Großbritannien und Spanien. Damit waren die topographischen und zeitlichen Grenzen abgesteckt, mit denen sich die Kunstgeschichte seither beschäftigte.

Der von italienischen Eltern abstammende, aber in Deutschland aufgewachsene Fiorillo war der erste, der Kunstgeschichte an einer Universität lehrte. Seit 1813 war er an der Göttinger Universität Ordinarius für Kunstgeschichte, was allerdings keine Auswirkungen auf die weitere Entwicklung des Fachs hatte. Unter seinen Studenten befanden sich jedoch nicht nur der spätere Kunsthistoriker Carl Friedrich von Rumohr (1795–1843), sondern auch Schriftsteller und Philosophen, die die Romantische Schule begründeten: August Wilhelm Schlegel (1767–1845), Ludwig Tieck (1773–1853) und Wilhelm Wackenroder (1773–1798).

Mit Carl Friedrich von Rumohr als Privatgelehrtem und Berater beim Aufbau der Berliner Gemäldegalerie etablierte sich in Berlin Kunstgeschichte als wissenschaftliche Disziplin. Bereits 1823 war an der Humboldt-Universität ein Lehrstuhl für Kunstgeschichte eingerichtet worden, besetzt allerdings mit dem Archäologen Ernst Heinrich Toelken (1786–1869). Kunstgeschichte wurde von dem Philosophen Heinrich Gustav Hotho (1802–1873) gelehrt. Die sogenannte Berliner Schule entwickelte sich unabhängig von der Universität eben durch den Privatgelehrten Rumohr, den Museumsdirektor Gustav Friedrich Waagen (1794–1868) sowie durch den Juristen Carl Schnaase (1798–1875).

Nur Franz Kugler (1808–1858) promovierte bei Toelken mit einem kunsthistorischen Thema und lehrte nach der Habilitation 1833 an der Berliner Akademie der Künste als Kunsthistoriker, 1835 mit Professorentitel. 1843 wurde er dann jedoch ins preußische Kultusministerium berufen.

Sie alle begründeten – vor allem mit ihren Veröffentlichungen – die Kunstgeschichte als eine kulturhistorische Disziplin. So publizierte Waagen mit seinem Buch *Über Hubert und Johann van Eyck* (Breslau 1822) eine erste kunsthistorische Monographie, Rumohr legte mit den *Italienischen Forschungen* (3 Bände, Berlin/Stettin 1827–31) das Fundament für die italienische Kunst als einem zentralen Thema der Kunstgeschichte. Dem folgten Kugler und Schnaase mit Handbüchern, die an ein breites Publikum gerichtet waren und die Kunstgeschichte damit zu einem wichtigen Standbein im Allgemeinwissen machten.

Erst um 1850 entstanden die Lehrstühle, die ab dann kontinuierlich mit Kunsthistorikern besetzt wurden. In Wien hieß der erste Kunsthistoriker, der an der Universität lehrte, Rudolf Eitelberger (1817–1885), in Bonn Anton Springer (1825–1891). Schneller wurde die Kunstgeschichte als Disziplin an den Polytechniken verbreitet, den Vorläuferinstitutionen der heutigen Technischen Universitäten (oder Hochschulen), an denen Architektur gelehrt wurde. In Stuttgart, Karlsruhe und München gab es bereits in den 1860er Jahren Lehrstühle für Kunstgeschichte, die zur sogenannten Allgemeinen Abteilung gehörten, in der den Naturwissenschaftlern Geisteswissenschaften nahegebracht wurden. Doch ungeachtet dieser Entwicklung wurde auch um 1900 noch lange nicht an allen Universitäten Kunstgeschichte als eigenes Fach gelehrt.

Schriften

Kugler, Franz: Handbuch der Malerei. 2 Bde. Berlin 1837.
– Handbuch der Kunstgeschichte. Stuttgart 1842.
Schnaase, Karl: Geschichte der bildenden Künste. 7 Bde. Düsseldorf 1843–64.

Literatur

Beyrodt, Wolfgang: Kunstgeschichte als Universitätsfach. In: Ganz, Peter [u.a.] (Hrsg.): Kunst und Kunsttheorie 1400 bis 1900. Wiesbaden 1991. S. 313–333.
Bickendorf, Gabriele: Die ersten Überblickswerke zur Kunstgeschichte. In: Pfisterer, Ulrich (Hrsg.): Klassiker der Kunstgeschichte. Bd. 1: Von Winckelmann bis Warburg. München 2007. S. 29–45.
– Die Berliner Schule. Ebd. S. 46–61.
Dilly, Heinrich: Kunstgeschichte als Institution. Frankfurt a. M. 1979.
Locher, Hubert: Kunstgeschichte als historische Theorie der Kunst 1750–1950. München 2001.
Stalla, Robert (Hrsg.): Kunstgeschichte an Polytechnischen Instituten, Technischen Hochschulen, Technischen Universitäten. Wien/Köln/Weimar 2021.

4 Berühmte Kunsthistoriker

Seit das Fach Kunstgeschichte an Universitäten gelehrt wird, hat es immer wieder Persönlichkeiten gegeben, die mit einer neuen Methode oder einer ungewöhnlichen Herangehensweise von sich reden machten. Einige von ihnen werden hier vorgestellt. Ein Kriterium war, dass sie bereits gestorben sind. Dass sich unter ihnen keine Frau befindet, liegt daran, dass es bis weit über die Mitte des 20. Jahrhunderts hinaus für Frauen kaum möglich war, an einer Universität zu lehren, geschweige denn, Professorin zu werden.

4.1 Jacob Burckhardt (1818–1897)

Der aus Basel stammende Historiker Jacob Burckhardt (Abb. 4) beschäftigte sich bereits während seines Studiums erst mit der Theologie, dann mit der Geschichte der Bildenden Kunst, veröffentlichte Texte zu Kunstwerken und hörte in Berlin nicht nur Vorlesungen bei dem Historiker Leopold von Ranke (1795–1886), sondern vor allem bei Franz Kugler, die ihn nachhaltig prägten. Auf seine Rückkehr nach Basel 1844 und eine erste Italienreise 1846 folgte ein

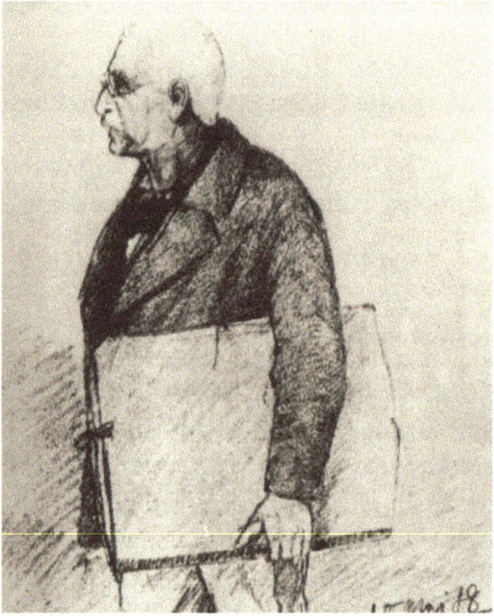

Abb. 4: Theodor Bissegger, *Jacob Burckhardt mit Zeichenmappe*, 1888, Zeichnung

erneuter Aufenthalt in Berlin, um an den Neuauflagen der beiden von Kugler herausgegebenen Handbücher, demjenigen für Malerei und dem für Kunstgeschichte, mitzuarbeiten. Nach weiteren Aufenthalten in Italien publizierte Burckhardt verschiedene Abhandlungen, darunter 1855 den *Cicerone. Eine Anleitung zum Genuss der Kunstwerke Italiens*, eines seiner berühmtesten Werke, das in zahlreichen Auflagen erschien und in dem er Reiseführer mit kunsthistorischem Handbuch zu verbinden wusste. Vor allem der *Cicerone* befähigte ihn, am neu gegründeten Polytechnikum in Zürich Kunst- und Architekturgeschichte zu unterrichten. 1858 folgte dann der Ruf nach Basel auf den Lehrstuhl für Geschichte. 1874 wurde auf sein Betreiben ein Lehrstuhl für Kunstgeschichte eingerichtet, den er ebenfalls innehatte und länger (bis 1893) betreute als den der Geschichte (bis 1886).

Burckhardt legte einerseits großen Wert auf die Anleitung zum Genuss eines Kunstwerks. Andererseits wollte er die Kunstgeschichte um den Aspekt der Aufgabe erweitern und somit eine gewisse Systematik erreichen. 1869 erläuterte er seine Vorstellungen in einem Brief an den Kunsthistoriker Albert von Zahn (1836–1873): »[Eine Kunstgeschichte] abgelöst von der Künstlergeschichte und -biographie, bloß nach den Sachen und den bewegenden Kräften und Gesamtgraden des Könnens [...]. Ich bin überzeugt, daß die Zukunft der gesamten Kunstforschung wesentlich nach dieser Seite hin liegt. Die künstlerbiographische Vollständigkeit braucht ja darunter nicht zu leiden« (*Briefe*, Bd. 5, S. 54–56).

Viel später dann, an seinem 75. Geburtstag, bemerkte er, wie Heinrich Wölfflin 1897 kolportierte: »die Kunstgeschichte nach Aufgaben behandeln, das ist mein Vermächtnis« (zit. nach Locher 2007, S. 122, Anm. 14).

Eine dieser »Aufgaben« war das Porträt, über das er 1885 in Basel in der Aula des Museums einen Vortrag hielt. Darin hieß es unter anderem: »Dieß alles wurde wie mit einem Zauberschlage anders seit dem Beginn des XV. Jh. Durch eine geheimnißvolle Strömung welche in Italien zuerst die florentinische, im Norden zuerst die flandrische Kunst gleichzeitig ergriff, kam damals die Kraft und der Wille empor, die ganze Lebenswahrheit darzustellen« (*Werke*, Bd. 13, S. 464). Nachdem Burckhardt den Florentiner Malern Paolo Uccello und Masaccio attestiert hatte, dass es ihnen gelänge, »den Hergängen eine volle dramatische Lebendigkeit, den einzelnen Gestalten den vollen Ausdruck des bewegten physischen und geistigen Daseins, der Erscheinung überhaupt die perspektivische Richtigkeit« abzugewinnen, wendet er sich Flandern zu, wo »unter Führerschaft des mächtigen Brüderpaares Hubert und Johann van Eyck, mit Hülfe einer plötzlich errungenen Klarheit und Leuchtkraft der Farbe [...] eine miniaturfeine Malerei bis zu einer völlig individuellen Beseelung der einzelnen Physiognomien, bis zu einer völlig täuschenden Wiedergabe der Oertlichkeit, der Stoffe und alles Materiellen überhaupt« gelang (ebd.).

Werkausgaben

Jacob Burckhardt-Gesamtausgabe. Hrsg. von Hans Trog [u. a.]. 13 Bde. Stuttgart/Berlin/Leipzig. 1929–34.

Briefe. Vollständige und kritische Ausgabe. Hrsg. von Max Burckhardt. Bd. 1–5: Wiesbaden 1949–60. Bd. 6–11: Basel/Stuttgart 1963–94.

Werke. Kritische Gesamtausgabe. Hrsg. von der Jacob Burckhardt-Stiftung. München/Basel 2000 ff. [Bislang 22 Bde., auf 29 angelegt.]

Literatur

Kaegi, Werner: Jacob Burckhardt. Eine Biographie. 7 Bde. Basel 1947–82.

Locher, Hubert: Jacob Burckhardt (1818–1897). In: Pfisterer, Ulrich (Hrsg.): Klassiker der Kunstgeschichte. Bd. 1: Von Winckelmann bis Warburg. München 2007. S. 110–123. [Mit Literatur.]

4.2 *Wilhelm von Bode (1845–1929)*

Er prägte das Bild des unfehlbaren Museumsdirektors wie kaum ein anderer. Er war Sammler, gleichzeitig aber auch persönlicher Berater und Vermittler, eine fatale Mischung, wie es sich immer wieder zeigt und wie es auch damals schon war. Der Braunschweiger Beamtensohn Wilhelm Bode (Abb. 5) studierte auf Wunsch des Vaters erst einmal Jura, hörte aber damals schon gleichzeitig kunsthistorische Vorlesungen und besuchte die Museen in Berlin und Braunschweig. Nach Abschluss des Studiums begann er mit dem Zweitstudium der Kunstgeschichte in Berlin, unter anderem bei Heinrich Gustav Hotho. In Wien bildete er sich vor allem in den wichtigen Kunstsammlungen fort und schrieb seine Doktorarbeit über den holländischen Maler Frans Hals (1580/85–1666), die er in Leipzig einreichte, weil er dort ein Familienstipendium bekommen konnte. Diese Arbeit umfasst in gedruckter Form 66 Seiten, so viel wie heute eine Bachelorarbeit haben kann, eine Masterarbeit mindestens haben muss.

Schon 1872 wurde er Assistent an den Königlichen Mu-

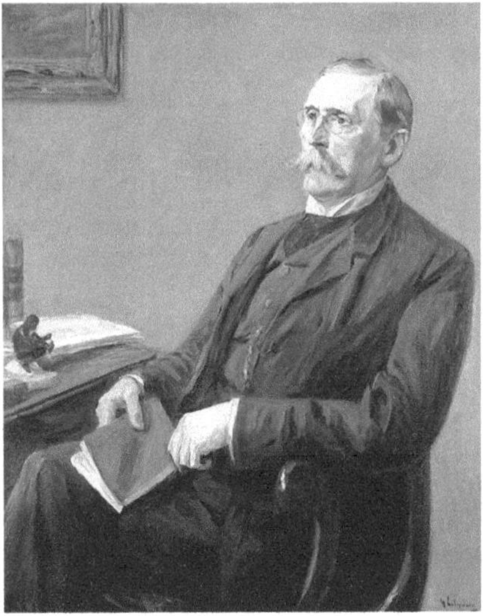

Abb. 5: Max Liebermann, Wilhelm von Bode, 1904, Öl auf Leinwand

seen von Berlin und avancierte zuerst zum Leiter der Skulpturenabteilung, wurde zusätzlich Direktor der Gemäldegalerie und 1905 Generaldirektor der königlichen Museen, ein Amt, das er bis 1921 innehatte.

Bereits 1880 begründete Bode mit dem *Jahrbuch der Königlich-Preußischen Kunstsammlungen* (ab 1919 *Jahrbuch der Preußischen Kunstsammlungen*; seit 1959 *Jahrbuch der Berliner Museen*) die erste wissenschaftliche Zeitschrift eines Museums. Sie sollte Vorbild für viele Museums-Zeitschriften im In- und Ausland werden.

Die damals diskutierte Idee eines Kopienmuseums, in dem alle wichtigen Kunstwerke vertreten wären, lehnte Bode zugunsten der Präsentation von Originalen entschieden ab. Seine Sammlertätigkeit für die Berliner Museen war dann auch enorm, aber nicht immer unumstritten. Einerseits war er für seine Skrupellosigkeit bekannt, die sich auch in der Überzeugung niederschlug, er könne sich auf seine eigene Urteilskraft verlassen, was zu einigen Skandalen führte. Andererseits setzte er sich dafür ein, außereuropäische Kunst einzukaufen und begründete die Sammlungen für Ostasiatische und für Islamische Kunst in Berlin. Sein größter Wunsch, ein gattungsübergreifendes Renaissance-Museum, wurde bereits zur Regierungszeit Friedrichs III. geplant, aber erst 1904 eröffnet. Damals erhielt es den Namen Kaiser-Friedrich-Museum, seit 1956 trägt es den Namen seines eigentlichen Gründers: Bode-Museum.

Wie sehr er von seiner Unfehlbarkeit überzeugt war, zeigt der Streit um eine Flora-Büste aus Wachs, die er 1909 für eine exorbitante Summe als Werk von Leonardo da Vinci aus dem englischen Kunsthandel erwarb. Von diesem Urteil ließ er sich auch nicht abbringen, als immer mehr Indizien dafür sprachen, dass es sich zumindest um keinen Leonardo handelt. Der Streit wurde in Fachzeitschriften, aber auch in der überregionalen Presse in über 700 Artikeln ausgetragen.

Doch minderten dieser und andere Skandale nicht die Wertschätzung, die ihm entgegengebracht wurde. Bode sammelte fürs Museum, beriet gleichzeitig private Sammler und begutachtete Kunstwerke für Kunsthändler. Sein Urteil galt viel, auch wenn er sich immer mal wieder irrte.

Doch das merkte man oft erst später, wie in dem Fall von zwei angeblich von Jan Vermeer (1632–1675) geschaffenen Gemälden, die Bode als solche erkannt haben wollte und die über einen Händler und den Sammler Andrew Mellon (1855–1937) in die National Gallery in Washington gelangten. Dort befinden sie sich heute noch, allerdings im Depot, denn sie stammen nicht von Vermeer und werden um 1925 datiert.

Bodes Sammlertätigkeit für das Museum führte auch zur von ihm initiierten Gründung des Kaiser Friedrich-Museums-Vereins, dem ersten Freundeskreis eines Museums, der für das Museum wichtige Erwerbungen von Kunstwerken vorfinanzierte oder sie selbst ankaufte und diese Werke dann dem Museum als Leihgaben zur Verfügung stellte.

Bode hat sich um die Museumsarbeit ungeheuer verdient gemacht. Er war nicht nur Sammler und Bewahrer, er galt auch als Verfechter eines wissenschaftlich geführten Museums, was den Ausschluss von Künstlern auf relevanten Museumsposten zur Folge hatte. Als Vermittler war er um eine wissenschaftliche Ordnung innerhalb eines Museums, aber auch innerhalb der Museumslandschaft einer Großstadt wie Berlin bemüht. Auf seine Initiative hin erfolgten sowohl der Ausbau der Museumsinsel wie die Neugründung der Dahlemer Museen für außereuropäische Kunst. All diesen Meriten steht auf der anderen Seite seine Machtfülle entgegen. Ohne relevante Kontrollinstanz konnte er sich ein Netz von Verbindungen aufbauen, durch die es zu einer Verflechtung von Interessen kam, die letztendlich zu einer fragwürdigen Ankaufspolitik führten. Und auch damit war Bode Vorbild für einige Museumsleute, die fachliche Kompetenz mit privaten Interessen vermischten und sich so bestenfalls lediglich bereicherten, schlimmstenfalls wissentlich Fälschungen adelten und daran noch verdienten.

Schriften

Die Kunst der Frührenaissance in Italien. Berlin 1923. (Propyläen-Kunstgeschichte. 8.)

Mein Leben. Hrsg. von Thomas Gaethgens und Barbara Paul. 2 Bde. Berlin 1997. [Zuerst 1930; auch online: www.zeno.org/Kunst/M/Bode,+Wilhelm+von/Mein+Leben.]

Literatur

Stockhausen, Tilmann von: Wilhelm von Bode. In: Pfisterer, Ulrich (Hrsg.): Klassiker der Kunstgeschichte. Bd. 1: Von Winckelmann bis Warburg. München 2007. S. 141–151. [Mit Literatur.]

Wolff-Thomson, Ulrike: Die Wachsbüste einer Flora in der Berliner Skulpturensammlung und das System Wilhelm Bode. Kiel 2006.

4.3 *Georg Dehio (1850–1932)*

»Was uns die Kunstgeschichte nach ihrem Teil vom historischen Lebensinhalt unseres Volkes zu sagen hat, sagt sie zumeist durch die Denkmäler. Von ihnen geht die Betrachtung aus, zu ihnen kehrt sie zurück«, schrieb Georg Dehio im Vorwort zum ersten Band des *Handbuchs der Deutschen Kunstdenkmäler* 1905. Bereits 1912 erschien der fünfte und letzte Band, der die deutschen Kunstdenkmäler nicht nach Ländern, sondern nach Landschaften ordnet: Mitteldeutschland, Nordostdeutschland, Nordwestdeutschland, Süddeutschland, Südwestdeutschland.

Bis heute erkennt man reisende Kunsthistoriker daran, dass sie »den *Dehio*« mit sich führen, inzwischen ein auf derzeit fünfundzwanzig lieferbare Bände angewachsenes Handbuch, das sich um Vollständigkeit bemüht, ohne dabei zu ausführlich zu werden, das Informationen über die Entstehung und die Geschichte von Kunstwerken bietet, dazu Pläne, Grundrisse und Übersichtskarten. Am *Dehio* arbeiten heute zahlreiche Kunsthistoriker mit. Die wissenschaftliche Gesamtverantwortung trägt die Dehio-Vereinigung, die es sich zur Aufgabe gemacht hat, das Handbuch weiterhin zu aktualisieren und zu vervollständigen. Kaum zu glauben, dass diese Aufgabe einmal in der Hand eines einzelnen gelegen hatte, dem 1850 in Reval (heute Tallinn) geborenen Historiker Georg Dehio. 1872 schloss Dehio sein Studium in Göttingen mit der Promotion ab und habilitierte sich 1876 in München. Dort entwickelte er ein ausgeprägtes Interesse für kunsthistorische Studien und begann selbst zu publizieren. 1883 wurde er in Königsberg Professor für Kunstgeschichte und folgte 1892 einem Ruf an die Universität Straßburg, wo er auch zum Direktor der Gemäldegalerie ernannt wurde. Nachdem das Elsass wieder französisch geworden war, musste Dehio 1919 Straßburg verlassen und lebte anschließend bis zu seinem Tod 1932 in Tübingen.

Als Kunsthistoriker engagierte er sich vor allem in der Denkmalpflege und publizierte verschiedene Werke. In ihnen formulierte er keine theoretischen Grundlagen, sondern beschrieb Kunstwerke, wobei er diese auch wertend charakterisierte. Seinen Namen kennt man vor allem durch das *Handbuch*, das – so sein Urheber im oben bereits zitierten Vorwort – »ein Nachschlagewerk für die Arbeit am

Schreibtisch und zugleich ein bequemes Reisebuch sein [will], durch billigen Preis jedermann zugänglich«. Das ist es bis heute geblieben.

In Schriften und Vorträgen bezog er gerade zu Fragen der Denkmalpflege und des Museums immer wieder Stellung, so auch in einem Referat auf dem zwölften Tag für Denkmalpflege und Heimatschutz:

> »Wir messen den Wert eines alten Kunstwerkes nicht mehr allein nach der Höhe des Vergnügens, das uns aus ihm quillt; wir haben erkannt, daß es außer seinen ästhetischen und außer seinen antiquarischen Eigenschaften noch andere besitzt; wir fassen sie in das Wort *Denkmal* zusammen. [Unsere Museen] betrachten noch immer das ganze Reich der alten Kunst als ein freies Gut, das jedesmal dem gehört, der den Verstand und die Energie hat, es in Besitz zu nehmen. [...] *Museen sind nicht Selbstzweck, Museen sind Glieder in dem allgemeinen System der Denkmalpflege.* [...] Die mobile Kunst muß so nahe als möglich bei der monumentalen, unter deren Dach sie einmal geboren war, erhalten bleiben.«
> (»Denkmalpflege und Museen«, in: *Kunstchronik* 23, 1911/12, Heft 2, S. 17–24, hier S. 21 f.)

Schriften

Die kirchliche Baukunst des Abendlandes. 2 Bde. Stuttgart 1887/1901. [Mit Gustav von Bezold.]
Kunsthistorische Aufsätze. München/Berlin 1914.
Geschichte der deutschen Kunst. 3 Bde. Berlin 1919–26.

Literatur

Betthausen, Peter: Georg Dehio. Ein deutscher Kunsthistoriker. München/Berlin 2004.
Scheurmann, Ingrid (Hrsg.): ZeitSchichten. Erkennen und Erhalten – Denkmalpflege in Deutschland. 100 Jahre Handbuch der Deutschen Kunstdenkmäler von Georg Dehio. Ausstellungskatalog. München/Berlin 2005.

4.4 Alois Riegl (1858–1905)

Selten wird ein Kunsthistoriker derart auf einen Begriff reduziert wie der Österreicher Alois Riegl (Abb. 6) auf den des Kunstwollens. Auch wenn wir uns das heute kaum noch vorstellen können, er revolutionierte mit diesem Begriff die Kunstgeschichte, und er entdeckte neue Wege, sich der Kunst zu nähern. Allerdings wurde der Begriff auch immer wieder neu und anders verstanden, sowohl von ihm selbst als auch von seinen Interpreten, was zur Folge hat, dass er nur schwierig zu definieren ist.

Alois Riegl wurde in Linz geboren, wuchs im damaligen Galizien (heute Ukraine) auf, studierte erst Jura und Philosophie, dann Kunstgeschichte und wurde 1887 Leiter der Abteilung für Textile Kunst am Österreichischen Museum für Kunst und Industrie (dem heutigen MAK – Museum für angewandte Kunst). 1897 als ordentlicher Professor an die Universität Wien berufen und 1904 zum Generalkonservator der Zentralkommission für die Erforschung und Erhaltung der Kunst- und historischen Denkmale ernannt, starb er bereits 1905.

Seine Vorstellung, wie Kunst zu betrachten sei, machte er zuerst an textilen Werken anschaulich, also an dem

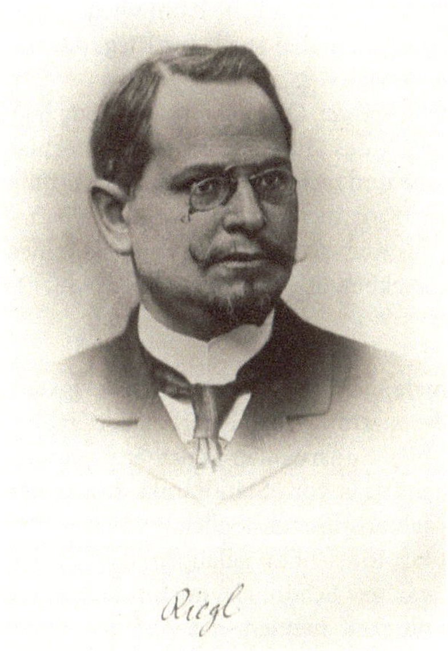

Abb. 6: Alois Riegl, um 1890, Fotografie

schon damals ungeliebten Kind der Kunstgeschichte – dem Kunsthandwerk. Für ihn war es eine von vier Gattungen, in die sich die Kunst seiner Meinung nach scheidet: Malerei, Skulptur, Architektur, Kunsthandwerk. Vor allem aber stellte er sich gegen eine damals übliche Wertung der verschiedenen Epochen, also der hervorragenden des Altertums, des Mittelalters und der Renaissance, denen die Verfallszeiten der Spätantike und des Barocks entgegenstanden. Denn jede Epoche hat laut Riegl ihre spezifischen

Kunstwerke hervorgebracht, auf die dann wieder eine andere Epoche reagierte. Hierbei spielt für Riegl das Kunstwollen eine große Rolle.

In seiner *Geschichte der Ornamentik* von 1893 legte er dar, dass die Arabeske des Mittelalters von der griechischen Palmette abstamme und nicht vom Weben oder Korbflechten. Später dann (1901 in *Spätrömische Kunst-Industrie*) proklamierte er, das Kunstwerk sei das Ergebnis »eines bestimmten und zweckbewussten Kunstwollens« (S. 5) und führte weiter aus:

> »Dass aber jemals auf Hässlichkeit oder Leblosigkeit, wie wir ihnen in der spätrömischen Kunst zu begegnen glauben, ein positives Kunstwollen gerichtet gewesen sein könnte, erscheint uns vom Standpunkt des modernen Geschmackes schlechthin unmöglich. Es kommt aber alles darauf an, zur Einsicht zu gelangen, dass weder mit demjenigen, was wir Schönheit, noch mit demjenigen was wir Lebendigkeit nennen, das Ziel der bildenden Kunst völlig erschöpft ist, sondern dass das Kunstwollen auch noch auf die Wahrnehmung anderer (nach modernen Begriffen weder schöner noch lebendiger) Erscheinungsformen der Dinge gerichtet sein kann.« (*Spätrömische Kunst-Industrie*, S. 6.)

Mit diesen Aussagen und der Differenzierung von haptischer und optischer Wahrnehmung schuf er die Voraussetzungen für die von Heinrich Wölfflin dann kurz darauf entwickelte Stilanalyse. Die Forderung nach einer von Wertungen freien Betrachtung und Analyse von Kunstwerken macht Riegl zum ersten modernen Kunsthistoriker.

Schriften

Stilfragen. Grundlegungen zu einer Geschichte der Ornamentik. Berlin 1893.
Die spätrömische Kunst-Industrie nach den Funden in Österreich-Ungarn im Zusammenhang mit der Gesamtentwicklung der Bildenden Künste bei den Mittelmeervölkern. Wien 1901.

Literatur

Noever, Peter / Rosenauer, Artur / Vasold, Georg (Hrsg.): Alois Riegl Revisited. Beiträge zu Werk und Rezeption. Wien 2010.
Rampley, Matthew: Alois Riegl. In: Pfisterer, Ulrich (Hrsg.): Klassiker der Kunstgeschichte. Bd. 1: Von Winckelmann bis Warburg. München 2007. S. 152–162. [Mit Literatur.]
Reichenberger, Andrea: Riegls Kunstwollen. Versuch einer Neubetrachtung. Sankt Augustin 2003. [Zusammenfassung in: Kritische Berichte 31 (2003), Nr. 1, S. 69–85.]

4.5 *Heinrich Wölfflin (1864–1945)*

Der Schweizer Kunsthistoriker Heinrich Wölfflin (Abb. 7) wurde schon zu Lebzeiten als Formalist bezeichnet, vor allem aufgrund seines Buchs *Kunstgeschichtliche Grundbegriffe*, das gleichwohl außerhalb der Fachwelt große Erfolge feierte und in zahlreichen Auflagen erschien (zuletzt 2004). Der Schüler Burckhardts wurde 1864 in Winterthur geboren, studierte erst Philosophie in Basel und Berlin, interessierte sich aber auch da schon für Kunstgeschichte, das Fach, in dem er dann 1886 in München promoviert wurde. Nach längeren Aufenthalten in Italien folgte zwei Jahre später die Habilitation. 1893 trat er die Nachfolge Burckhardts in Basel an. 1901 folgte der Ruf nach Berlin, 1912 der

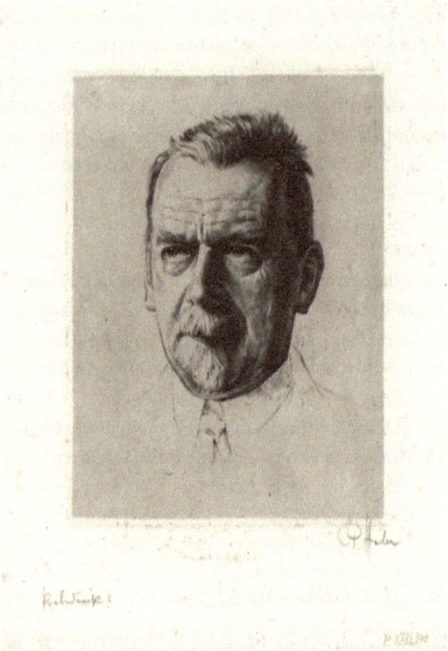

Abb. 7: P. Hahn, *Heinrich Wölfflin*, Radierung

nach München, wo er bis 1924 blieb, um anschließend bis 1934 in Zürich zu lehren. Danach lebte er in der Nähe von Winterthur und starb 1945 in Zürich.

An den *Kunstgeschichtlichen Grundbegriffen* hatte er schon mehrere Jahre gearbeitet, bevor er sie 1915 erstmals publizierte. Er entwickelte darin eine Begrifflichkeit, um einen Stil zu beschreiben, was am besten durch einen Vergleich möglich sei. Fünf Begriffspaare verdeutlichen die unterschiedlichen Stile von Renaissance und Barock. Diese

Begriffspaare sind gleichzeitig die Kapitelüberschriften des Buchs, wobei der erste Begriff immer für die Kunst der Renaissance steht, der zweite für die des Barock: »Das Lineare und das Malerische; Fläche und Tiefe; Geschlossene Form und offene Form; Vielheit und Einheit; Klarheit und Unklarheit.«

Kunst der Renaissance	*Kunst des Barock*
Lineares	Malerisches
Fläche	Tiefe
Geschlossene Form	Offene Form
Vielheit	Einheit
Klarheit	Unklarheit

Diese Vergleiche, die Wölfflin auch in seinen Vorlesungen darlegte, verlangten nach der Doppelprojektion von Diapositiven, die seither – und bis zur Einführung der Powerpoint Präsentationen – aus kunsthistorischen Veranstaltungen (Vorlesungen, Referate, Vorträge) nicht mehr wegzudenken war.

Der formalistische Ansatz Wölfflins führte schon bald zu heftiger Kritik in den eigenen Reihen, wurde aber von Nachbardisziplinen begeistert aufgenommen. Auch wenn heute die Vorstellung von einem Stil, der eine Epoche prägt, längst von anderen Kriterien abgelöst wurde, so ist Wölfflins Verdienst darin zu sehen, dass er die Stilanalyse vorangetrieben und mit einer Begrifflichkeit versehen hat, auf der andere aufbauen konnten.

In der Einleitung zu den *Grundbegriffen* schreibt er unter anderem: »Feiner und feiner werdend muß man in dieser Art den Zusammenhang des Einzelnen und des Ganzen bloßzulegen versuchen, um zur Bestimmung individueller Stiltypen zu gelangen, nicht nur in der zeichnerischen Form, auch in der Lichtführung und Farbe.« Und er fährt fort, dass man dann begreife, »wie eine bestimmte Formauffassung sich notwendig mit einer bestimmten Farbigkeit verbindet und wird allmählich den ganzen Komplex persönlicher Stilmerkmale als Ausdruck eines bestimmten Temperaments verstehen lernen. Für die beschreibende Kunstgeschichte ist hier noch sehr viel zu tun.« (*Kunstgeschichtliche Grundbegriffe*, S. 19.)

Schriften

Renaissance und Barock. Eine Untersuchung über Wesen und Entstehung des Barockstils in Italien. München 1888.

Kunstgeschichtliche Grundbegriffe. Das Problem der Stilbildung in der neueren Kunst. München 1915. [Hier zit. nach: 14. Aufl., Basel/Stuttgart 1970; 19. Aufl. 2004.]

Italien und das deutsche Formgefühl. Die Kunst der Renaissance. München 1931.

Heinrich Wölfflin, 1864–1945. Tagebücher und Briefe. Hrsg. von Joseph Gantner. Basel/Stuttgart 1982.

Literatur

Burioni, Matteo [u.a.] (Hrsg.): Kunstgeschichten 1915. 100 Jahre Heinrich Wölfflin: Kunstgeschichtliche Grundbegriffe. Passau 2015.

Lurz, Meinhold: Heinrich Wölfflin. Biographie einer Kunsttheorie. Worms 1981.

Wimböck, Gabriele: Heinrich Wölfflin. In: Pfisterer, Ulrich (Hrsg.): Klassiker der Kunstgeschichte. Bd. 1: Von Winckelmann bis Warburg. München 2007. S. 124–140. [Mit Literatur.]

4.6 *Julius von Schlosser (1866–1938)*

Julius von Schlosser gehörte zusammen mit Franz Wickhoff (1853–1909), Alois Riegl und Max Dvořák zu den wichtigsten Repräsentanten der sogenannten Wiener Schule der Kunstgeschichte, bei denen die Verbindung von Theorie und Praxis eine große Rolle spielte. Diese Verbindung, die schon bei Riegl manifest war, zeigt sich auch in Leben und Werk von Schlosser. Der in Wien geborene Halbitaliener studierte von 1884 bis 1887 erst Philosophie und Klassische Philologie, dann Kunstgeschichte und Archäologie und wurde 1888 mit einer Arbeit über *Die abendländische Klosteranlage des frühen Mittelalters* (Wien 1889) promoviert. 1892 folgte die Habilitation. Da arbeitete er schon seit drei Jahren im Kunsthistorischen Museum in der Abteilung für Münzen, Medaillen und Antiken. 1893 wurde er dort Kustos der Sammlung von Waffen und kunstindustriellen Gegenständen, 1902 Leiter der Sammlung von Plastik und Kunstgewerbe. Gleichzeitig erfolgte die Ernennung zum außerplanmäßigen Professor. Schon 1905 wurde er ordentlicher Professor, lehnte aber einen Wechsel auf den Lehrstuhl für Kunstgeschichte als Nachfolger von Riegl ab, weil er am Museum bleiben wollte. Als dann aber der jüngere Dvořák 1921 starb, übernahm er doch dessen Lehrstuhl, um die Kontinuität zu bewahren.

Die kulturhistorischen Ansätze in der Museumszeit finden ihren Niederschlag in der Publikation *Geschichte der Portraitbildnerei in Wachs*, die 1911 erstmals erschien und mit ihrem Thema des Bildzaubers einen kulturanthropologischen Ansatz vertritt. Denn diese Werke, die nicht als Kunst-Werke entstanden, wurden von der Kunstgeschichte nicht berücksichtigt. Schlosser betätigte sich hier – wenn auch nicht so radikal wie Aby Warburg – auf dem Gebiet der sehr viel später institutionalisierten Bildwissenschaft.

Doch Hauptverdienst von Schlosser ist die enorme quellenkundliche Sammlung, die unter dem Titel *Die Kunstliteratur. Ein Handbuch zur Quellenkunde der neueren Kunstgeschichte* 1924 in Wien erschien und in deren Vorwort er den Begriff Quellenkunde folgendermaßen einschränkte: »... gemeint sind hier die sekundären, mittelbaren, schriftlichen Quellen, vorwiegend also im Sinne der historischen Gesamtdisziplin die literarischen Zeugnisse, die sich in theoretischem Bewußtsein mit der Kunst auseinandersetzen, nach ihrer historischen, ästhetischen oder technischen Seite hin, während die sozusagen unpersönlichen Zeugnisse, die Inschriften, Urkunden und Inventare, anderen Disziplinen zufallen und hier nur einen Anhang bilden können« (S. 1). Der Schwerpunkt Italien war mit Sicherheit auch seiner Herkunft geschuldet.

Schlossers Spätwerk, *Stilgeschichte und Sprachgeschichte der bildenden Kunst* (München 1935) fand kaum Beachtung. Darin zeigte er das Schöpferische der Künstlerpersönlichkeit als individuelle Leistung auf, was im Gegensatz zum Begriff des Kunstwollens bei Riegl stand.

Seine deutschnationale Gesinnung, die sich auch in der Mitgliedschaft bei der NSDAP manifestiert, hinderte ihn nicht daran, sich als Europäer zu begreifen und sich als »selbst nichts weniger als Antisemit« (zit. nach Thimann 2007, S. 197) zu bezeichnen. Zu seinen Schülern gehörten viele später sehr bekannt gewordene Gelehrte, darunter Ernst H. Gombrich (1909–2001), Hans R. Hahnloser

(1899–1974), Ernst Kris (1900–1957), Otto Kurz (1908–1975), Otto Pächt (1902–1988), Hans Sedlmayr (1896–1984) und Charles de Tolnay (1899–1981).

Schriften

Quellenbuch zur Kunstgeschichte des abendländischen Mittelalters. Ausgewählte Texte des vierten bis fünfzehnten Jahrhunderts. Wien 1896.

Die Kunst- und Wunderkammern der Spätrenaissance. Ein Beitrag zur Geschichte des Sammelwesens. Leipzig 1908. [2., erw. Ausg.: Braunschweig 1978; online: digi.ub.uni-heidelberg.de/diglit/schlosser1908.]

Tote Blicke. Geschichte der Porträtbildnerei in Wachs. Ein Versuch. Hrsg. von Thomas Medicus. Berlin 1993.

Lorenzo Ghibertis Denkwürdigkeiten (I commentarii). Zum ersten Male nach der Handschrift der Biblioteca Nazionale in Florenz vollständig herausgegeben und erläutert. 2 Bde. Berlin 1912.

Die Kunstliteratur. Ein Handbuch zur Quellenkunde der neueren Kunstgeschichte. Wien 1924. [Nachdr.: Wien 1985; online: digi.ub.uni-heidelberg.de/diglit/schlosser1924.]

Die Wiener Schule der Kunstgeschichte. Rückblick auf ein Säkulum deutscher Gelehrtenarbeit in Österreich. Innsbruck 1934.

Literatur

Kritische Berichte 16 (1988), Nr. 4: Julius von Schlosser. [Themenheft.]

Schütze, Sebastian (Hrsg.): Julius von Schlosser (1866–1938). Wien/Köln 2021.

Thimann, Michael: Julius von Schlosser. In: Pfisterer, Ulrich (Hrsg.): Klassiker der Kunstgeschichte. Bd. 1: Von Winckelmann bis Warburg. München 2007. S. 194–213. [Mit Literatur.]

Wyss, Beat: Stil und Sprache der Kunst. Julius von Schlosser. In: Wiener Jahrbuch für Kunstgeschichte 53 (2004), S. 235–245.

4.7 Aby Warburg (1866–1929)

Heute gehört der Privatgelehrte Aby Warburg zu den wichtigsten Vertretern des Fachs, gilt er doch nicht nur als Begründer der Ikonologie, sondern vor allem der Bildwissenschaften. Doch lange wurde er als skurril eingestuft, als Einzelgänger, dem das Glück widerfahren war, als reicher Bankierssohn ein sorgenfreies Leben zu führen und sich so viele Bücher kaufen zu können, wie immer er wollte.

Es ranken sich viele Legenden um den 1866 in Hamburg geborenen Erben der Warburg-Bank, der lieber Archäologie und Kunstgeschichte studierte und es seinem jüngeren Bruder überließ, die Bankgeschäfte weiterzuführen. Das Studium begann Warburg 1886 in Bonn und wurde 1891 in Straßburg mit einer Arbeit über *Sandro Botticellis »Geburt der Venus« und »Frühling«. Eine Untersuchung über die Vorstellungen der Antike in der italienischen Frührenaissance* promoviert (1893 publiziert). Dafür hatte er sich ein Jahr in Florenz aufgehalten, wohin er 1893 zurückkehrte und die nächsten zehn Jahre verbrachte, allerdings mit einer Unterbrechung: 1895/96 fuhr er in die USA und hielt sich dort über einen längeren Zeitraum bei den Hopi-Indianern auf. Diesen Besuch verarbeitete er sehr viel später (1923) in dem bekannten Vortrag *Schlangenritual.*

1904 kehrte Warburg nach Hamburg zurück und begann mit dem Aufbau der Bibliothek, die sein Schüler und Mitarbeiter Fritz Saxl (1890–1948) bereits 1921 in ein Forschungsinstitut umwandelte, das ab 1926 in der Heilwigstraße 116 untergebracht war.

Nach Warburgs Tod 1929 leitete Fritz Saxl Institut und

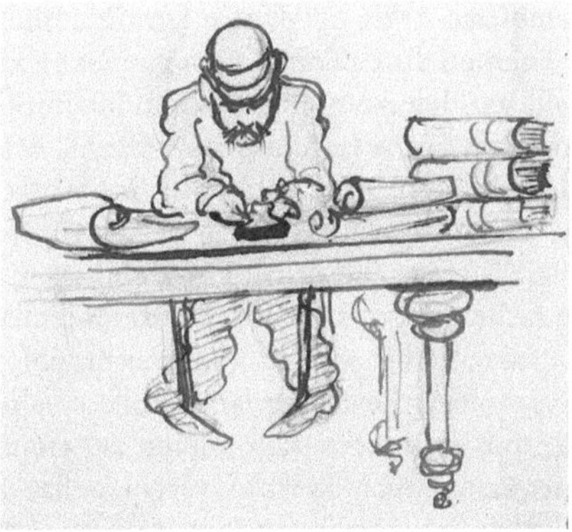

Abb. 8: Aby Warburg im Archiv, von ihm selbst gezeichnet

Bibliothek und sorgte 1933 für den Umzug nach London, wo die Bibliothek seit 1944 in die Universität eingegliedert ist, aber bis heute eine eigenständige Institution bildet. Das Bibliotheksgebäude in Hamburg beherbergt seit 1993 die Aby-Warburg-Stiftung und Teile des Kunsthistorischen Instituts der Universität.

Warburg baute mit seinen Arbeiten auf Ansätzen verschiedener Kunst- und Kulturhistoriker auf, um seine kulturwissenschaftliche Form der Bildwissenschaft zu entwickeln. Er bezog dabei auch Nachbardisziplinen mit ein (Religionswissenschaft, Anthropologie, Ethnologie, Psychologie). In seiner Dissertation beschäftigte ihn die Frage, was die Antike für Europa bedeutete, und er wies die sich im Bild zeigende kulturelle Erinnerung der Antike in der Frührenaissance nach. Eine logische Folge war die Erstellung seines *Mnemosyne-Atlas*, bei dem auf großen Bildtafeln bestimmte Themen durch Fotografien von Gemälden bildlich dargestellt wurden, kombiniert mit anderem Bildmaterial wie aktuellen Fotos (z. B. aus Zeitungen), Briefmarken und Werbebildern. Auch damit wollte Warburg das Weiterleben der antiken Bildsprache in der europäischen Kultur visualisieren. Die Kunstwerke sollten nicht für sich genommen analysiert, sondern in Zusammenhängen begriffen werden, wobei sowohl kulturanthropologische als auch psychologische Fragen eine Rolle spielten. Warburg hoffte, mit dem *Atlas* »alle meine zerstreuten Einzelstudien zu einem Gesamtwerk zu vereinen, das den auf ein einheitliches Ziel gerichteten Sinn meiner vielfachen Bemühungen zeigt« (zit. nach Schoell-Glass 2007, S. 188). Doch der *Atlas* war bei Warburgs Tod nicht vollendet und es bleibt offen, ob er jemals vollendet worden wäre. Die Bildtafeln sind verloren und lediglich Fotografien erhalten.

Die wenigen vollendeten und publizierten Schriften wurden inzwischen neu herausgegeben, es fehlen noch die Fragmente, von denen sich zahlreiche im Nachlass befinden, sowie Briefe, Tagebücher und Vorträge, die im Editionsplan der Aby-Warburg-Stiftung genannt werden.

In seinem Aufsatz über die Monatsbilder im Palazzo Schifanoia in Ferrara kommt Warburg zu folgendem Schluss:

> »Die Kunstgeschichte wird durch unzulängliche allgemeine Entwicklungs-Kategorien bisher daran gehindert, ihr Material der allerdings noch ungeschriebenen ›histo-

rischen Psychologie des menschlichen Ausdrucks‹ zur Verfügung zu stellen. Unsere junge Disziplin versperrt sich durch allzu materialistische oder allzu mystische Grundstimmung den weltgeschichtlichen Rundblick. Tastend sucht sie zwischen den Schematismen der politischen Geschichte und den Doktrinen vom Genie ihre eigene Entwicklungslehre zu finden. Ich hoffe, durch die Methode meines Erklärungsversuches der Fresken im Palazzo Schifanoja zu Ferrara gezeigt zu haben, dass eine ikonologische Analyse, die sich durch grenzpolizeiliche Befangenheit weder davon abschrecken lässt, Antike, Mittelalter und Neuzeit als zusammenhängende Epoche anzusehen, noch davon, die Werke freiester und angewandtester Kunst als gleichberechtigte Dokumente des Ausdrucks zu befragen, dass diese Methode, indem sie sorgfältig sich um die Aufhellung einer einzelnen Dunkelheit bemüht, die grossen allgemeinen Entwicklungsvorgänge in ihrem Zusammenhange beleuchtet. Mir war es weniger zu tun um die glatte Lösung, als um die Heraushebung eines neuen Problems, das ich so formulieren möchte: ›In wieweit ist der Eintritt des stilistischen Umschwunges in der Darstellung menschlicher Erscheinung in der italienischen Kunst als international bedingter Auseinandersetzungs-Prozess mit den nachlebenden bildlichen Vorstellungen der heidnischen Kultur der östlichen Mittelmeervölker anzusehen?‹« (»Italienische Kunst und internationale Astrologie im Palazzo Schifanoja zu Ferrara«, S. 191.)

Schriften

Gesammelte Schriften. Hrsg. von Horst Bredekamp, Michael Diers [u. a.]. Berlin 1998 ff. [Bisher erschienen sind Bd. I.1,2, 1998; Bd. II.1 u. 2, 2012; Bd. III.2, 2018; Bd. IV, 2015; Bd. V, 2021; Bd. VII, 2001; genaue Angaben und Editionsplan s. www.warburg-haus.de.]

Italienische Kunst und internationale Astrologie im Palazzo Schifanoja zu Ferrara«. In: Venturi, Adolfo (Hrsg.): L'italia e l'arte straniera. Atti del X Congresso Internazionale di Storia dell'Arte in Roma (1912). Rom 1922. S. 179–193. [Nachdr. 1978.]

Literatur

Gombrich, Ernst H.: Aby Warburg. Eine intellektuelle Biographie. Frankfurt a. M. 1981.

Schoell-Glass, Charlotte: Aby Warburg. In: Pfisterer, Ulrich (Hrsg.): Klassiker der Kunstgeschichte. Bd. 1: Von Winckelmann bis Warburg. München 2007. S. 181–193. [Mit Literatur.]

Theiss-Abendroth, Peter / Bock, Nicolas: Aby Warburg. Der Bilderdenker. Berlin 2017.

4.8 Max Dvořák (1874–1921)

Wie sehr die Art und Weise, an Kunstwerke heranzugehen, von zeitgenössischen Kunststilen beeinflusst sein kann, zeigt das Beispiel Max Dvořák. Er wuchs im damaligen Böhmen auf und studierte an den Universitäten Prag und Wien Geschichte. Schon vor Abschluss seiner Dissertation 1897 wandte er sich der Kunstgeschichte zu und wurde ein Schüler von Franz Wickhoff, 1898 auch dessen Assistent. Bereits 1905 zum außerplanmäßigen Professor ernannt, um die durch Riegls Tod entstandene Lücke zu schließen, übernahm Dvořák 1909 den Lehrstuhl von

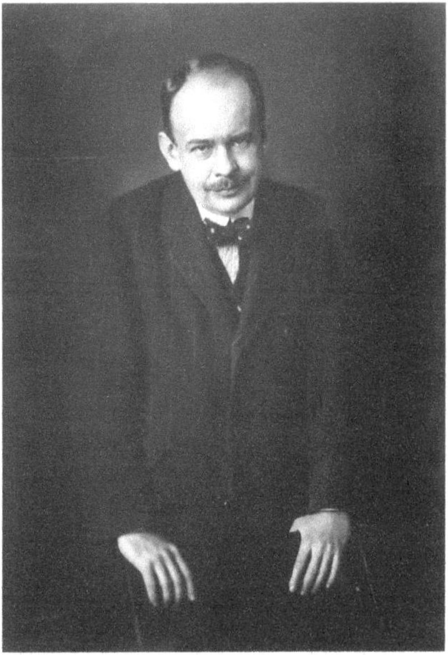

Abb. 9: Max Dvořák, vor 1921, Fotografie

Wickhoff, den er bis zu seinem eigenen frühen Tod 1921 behielt. Außerdem hatte er seit 1905 die Aufgabe des Generalkonservators in der österreichischen Denkmalpflege übernommen, ein Amt, das vorher Riegl innehatte.

Zu Beginn von seinen Vorgängern Riegl und Wickhoff geprägt, vertrat Dvořák die Vorstellung eines stilistischen Fortschritts in der Kunst vom Mittelalter an, wobei der venezianische Maler Jacopo Tintoretto (1518–1594) für ihn ein direkter Vorläufer der Impressionisten war. Damit übernahm er die Vorstellungen der Wiener Secessionisten, die 1903 eine Ausstellung präsentierten, um die Entwicklung des Impressionismus zu zeigen. Den Auftakt bildeten auch hier Werke von Tintoretto.

Dvořák beschäftigte sich auch weiterhin mit Tintoretto, doch kam es durch die immens großen Aufgaben in der Denkmalpflege zu einer Pause an dem Projekt. Als er es wieder aufnahm, war der Expressionismus etabliert, eine Kunstrichtung, die auch den Manierismus in einem neuen Licht erscheinen ließ und die Idee des stilistischen Fortschritts in Frage stellte. Dvořák sah jetzt in den Bildern von Jan van Eyck (um 1390–1441) und anderen frühen Niederländern nicht mehr das Kontinuum, das aus der gotischen Kunst erwuchs, sondern das genaue Gegenteil: Das Naturstudium stand dem idealistischen Weltbild der Gotik dialektisch entgegen. Ebenso verhielten sich die Werke des Manierismus gegenüber denen der Renaissance.

Dvořák lehnte es jedoch weiterhin ab, andere als formale Kriterien bei der Analyse der Kunstwerke gelten zu lassen. In *Kunstgeschichte als Geistesgeschichte*, so der Titel seines letzten, postum erschienenen Sammelbands, definierte Dvořák den Manierismus als eine Ausdruckskunst, die aus dem Seelenleben des Künstlers erwuchs. Auch wenn diese Einschätzung heute nicht mehr uneingeschränkt geteilt wird, bleibt es das Verdienst Dvořáks, dem Manierismus als Epoche einen ihm gebührenden Platz innerhalb der Kunstgeschichte zugewiesen zu haben.

»Auf dem Gebiete der Kunst hat man diese Periode, die keine abgeschlossene Periode ist, sondern eine Bewegung, deren Anfänge bis zum Beginn des sechzehnten

Jahrhunderts reichen, und deren Wirkungen nie aufgehört haben, in der unglücklichsten Weise als die des Manierismus bezeichnet, weil die naturalistisch orientierten Kunsthistoriker an ihr nur so viel beobachteten, daß die Mehrzahl der Künstler darauf verzichtet hat, selbständig aus der Natur zu schöpfen und sich, ähnlich der Kunst nach dem Zusammenbruch der Antike, mit überlieferten Formen und deren Umwertung begnügten. Damit ist jedoch das Wesen dieser Kunstperiode bei weitem nicht erschöpft. Wenn ein Weltgebäude, wie es das der Weltanschauung des späten Mittelalters, der Renaissance und Reformation war, zusammenstürzt, müssen Ruinen entstehen. [...] Und so stehen wir vor dem Schauspiel einer ungeheuren Disturbation, und in buntem Gemisch des Alten und Neuen und in verschiedenen Richtungen suchen [...] die Künstler nach neuen Krücken und Zielen.« (»Über Greco und den Manierismus«, in: *Kunstgeschichte als Geistesgeschichte*, S. 270.)

Schriften

Das Rätsel der Kunst der Brüder van Eyck. In: Jahrbuch der kunsthistorischen Sammlungen des allerhöchsten Kaiserhauses in Wien 24 (1903), S. 161–318. [Neuausg.: München 1925; Wien 1999.]
Katechismus der Denkmalpflege. Wien 1916.
Kunstgeschichte als Geistesgeschichte. Studien zur abendländischen Kunstentwicklung. München 1923. [2. Aufl. 1928; Nachdr.: Berlin 1995.]
Geschichte der italienischen Kunst im Zeitalter der Renaissance. Akademische Vorlesungen. 2 Bde. München 1927. [Neuausg.: Wien 2004.]
Schriften zur Denkmalpflege. Hrsg. von Sandro Scarrocchia. Wien 2012.

Literatur

Aurenhammer, Hans H.: Max Dvořák. In: Pfisterer, Ulrich (Hrsg.): Klassiker der Kunstgeschichte. Bd. 1: Von Winckelmann bis Warburg. München 2007. S. 214–226. [Mit Literatur.]

4.9 *Erwin Panofsky (1892–1968)*

Mit dem Namen Erwin Panofsky verbinden auch Nicht-Kunsthistoriker verschiedene Publikationen wie *Melancholia* (1923), *Idea* (1924), *Herkules am Scheideweg* (1930), *Studies in Iconology* (1939), *Early Netherlandish Painting* (1953) und vor allem *Meaning in Visual Arts* (1955), eine Sammlung von meist älteren Aufsätzen, die der Autor selbst teilweise stark überarbeitete.

Schon die Titel der Publikationen weisen auf den enormen Bruch in Panofskys Leben hin, der sich 1933 gezwungen sah, ins Exil zu gehen. Seitdem publizierte er (fast) ausschließlich auf Englisch, und es sollten einige Jahre vergehen, bis diese Werke ins Deutsche übersetzt wurden. So erschien *Meaning in Visual Arts* erst 1975 unter dem Titel *Sinn und Deutung in der Bildenden Kunst* als deutschsprachige Ausgabe. Der damalige große Erfolg reichte weit über die Fachgrenzen hinaus und hat sich bis heute gehalten, denn inzwischen ist diese Aufsatz-Sammlung in vielen Auflagen erschienen. Darin befindet sich auch der Wiederabdruck des Aufsatzes *Ikonografie und Ikonologie*, der die für Panofsky wichtige Methode beschreibt, wie an ein Bild heranzugehen ist. Denn die reine Stilanalyse schien ihm dafür nicht geeignet.

Der 1892 in Hannover geborene Erwin Panofsky stammte aus einem jüdischen Arzthaushalt. Auf seine Schulzeit in

Berlin folgten ab 1910 die Studienjahre in Berlin, München und Freiburg. In der badischen Stadt beendete er bereits 1914 das Studium mit der Promotion über Dürers Kunsttheorie bei Wilhelm Vöge (1868–1952) und arbeitete anschließend als Privatgelehrter in Berlin (nach einem Reitunfall war er vom Kriegsdienst befreit), wo er außerdem Seminare bei Adolph Goldschmidt (1863–1944) besuchte. 1915 fuhr er mit einigen Goldschmidt-Schülern nach Hamburg, um die Warburg-Bibliothek zu besuchen. Dieser erste Kontakt hinterließ einen nachhaltigen Eindruck. Panofsky habilitierte 1920 in Hamburg mit dem Thema *Die Gestaltungsprinzipien Michelangelos, besonders in ihrem Verhältnis zu denen Raffaels*. Die Arbeit wurde nie publiziert und galt als verschollen, bis das Manuskript fast hundert Jahre später, 2012, im Zentralinstitut für Kunstgeschichte in München gefunden wurde. 2014 soll es veröffentlicht werden. Panofsky wurde in Hamburg nach einer Zeit als Privatdozent 1926 zum Ordinarius berufen. In diesen Jahren gehörte er zu dem Kreis der Gelehrten, die mit der Warburg-Bibliothek verbunden waren und die als »Hamburger Schule« bekannt wurden.

1931 hielt er seine ersten Vorlesungen in New York. Die dort geknüpften Kontakte halfen ihm nach seiner Amtsenthebung 1933, in die USA auszuwandern, wo er 1934 wieder als Gastdozent in New York und Princeton lesen konnte. 1935 wurde er dann zum Professor in Princeton berufen. Dort blieb Panofsky auch nach 1945. Die Versuche, ihn wieder nach Deutschland zu holen, lehnte er ab.

In Princeton entstanden seine Hauptwerke, auch die *Studies in Iconology*, bei denen die Voraussetzungen in Hamburg durch die gemeinsame Arbeit mit den Warburg-

Mitarbeitern, allen voran Fritz Saxl, gelegt worden waren. Mit Saxl hatte er 1923 die Abhandlung über Dürers »Melancholia I« geschrieben und, obwohl Panofsky gerne nach 1933 am Warburg Institut gearbeitet hätte, dieses sich aber ohne ihn in London ansiedelte und er in die USA emigrierte, publizierte er mit Saxl 1964 ein weiteres Werk über *Saturn und Melancholie*, natürlich auf Englisch (die deutsche Ausgabe erschien 1990).

Ikonografie und Ikonologie als Methoden der Bildbetrachtung und -analyse sind untrennbar mit dem Namen Panofskys verbunden, der das Herangehen an ein Bild in drei Schritten beschrieb: auf den Phänomensinn folgen Bedeutungssinn (Ikonografie) und Wesenssinn (Ikonologie). Das machte Panofsky am Beispiel eines Mannes deutlich, der bei einer zufälligen Begegnung auf der Straße zur Begrüßung den Hut zieht. Rein formal nimmt der Begrüßte wahr, dass sich beim Gegenüber gewisse Einzelheiten verändern, »die einen Teil des allgemeinen Farben-, Linien- und Körpermusters« (*Sinn und Deutung in der Bildenden Kunst*, S. 36) der visuellen Welt ausmachen. Die Erkenntnis, dass es sich um einen Herrn handelt, der einen Hut zieht, stellt bereits einen Teil der zweiten Ebene dar, die »Tatsachenbedeutung« (ebd.). Dem folgt die ausdruckshafte Bedeutung, bei der bereits die Interpretation stattfindet, ob der Grüßende gute oder schlechte Laune hat, ob er dem Gegrüßten gegenüber freundliche oder feindliche Gefühle hegt. Dass es sich beim Hutziehen um einen Gruß handelt, gehört einem weiteren Bereich der Bedeutung an, denn es ist ein auf die abendländische Kultur beschränkter Gestus, der noch aus der Ritterzeit stammt und der von Bewohnern anderer Kulturkreise nicht verstanden wird. Darunter versteht man die ikonografische Analyse.

Erst nachdem dies alles geklärt ist, kann man sich dem Bereich des Wesens zuwenden, bei dem man sich Gedanken über die Persönlichkeit des Grüßenden macht. Dazu benötigt man Hintergrundwissen, das sich meist durch Quellen erschließt und im Bereich der ikonologischen Interpretation anzusiedeln ist.

Das Beispiel mit dem Hut, an dem Panofsky den Unterschied zwischen Ikonografie und Ikonologie erklärte und nebenbei der reinen Stilanalyse eine Absage erteilte, wurde weltberühmt. Seine Thesen fasste er in einer Tabelle zusammen, betonte aber, dass sich die Kategorien »in Wirklichkeit auf Aspekte eines Phänomens beziehen, nämlich auf das Kunstwerk als Ganzes, so daß bei der eigentlichen Arbeit die Zugangsmethoden, die hier als drei unzusammenhängende Forschungsoperationen erscheinen, miteinander zu einem einzigen organischen und unteilbaren Prozeß verschmelzen« (*Sinn und Deutung in der bildenden Kunst*, S. 49).

Schriften

Dürers ›Melancolia I‹. Eine quellen- und typengeschichtliche Untersuchung. Leipzig 1923. [Mit Fritz Saxl.]

Idea. Ein Beitrag zur Begriffsgeschichte der älteren Kunsttheorie. Leipzig/Berlin 1924. [Zuletzt Hamburg 2008.]

Studies in Iconology. Humanistic Themes in the Art of Renaissance. New York 1939. [Dt.: Studien zur Ikonologie. Humanistische Themen in der Kunst der Renaissance. Köln 1980. – Zuletzt 1992.]

Early Netherlandish Painting. Its Origin and Character. Cambridge (Mass.) 1953. [Dt.: Die altniederländische Malerei. Ihr Ursprung und Wesen. 2 Bde. Köln 2001.]

Meaning in the Visual Arts. Papers in and on Art History. New York 1955. [Dt.: Sinn und Deutung in der bildenden Kunst. Köln 1975. – Zuletzt 1996.]
Korrespondenz 1910–1968. Hrsg. von Dieter Wuttke. Wiesbaden 2001–11. [Enthält ein Gesamtverzeichnis der Schriften von Erwin Panofsky.]

Literatur

Bredekamp, Horst: Erwin Panofsky. In: Pfisterer, Ulrich (Hrsg.): Klassiker der Kunstgeschichte. Bd. 2: Von Panofsky bis Greenberg. München 2008. S. 61–75. [Mit Literatur.]
Reudenbach, Bruno (Hrsg.): Erwin Panofsky. Beiträge des Symposions Hamburg 1992. Berlin 1994.
Wuttke, Dieter: Erwin Panofsky. Leben und Werk (1892–1968). In: E. P.: Korrespondenz 1910–1936. Wiesbaden 2001. S. IX–XXI.

4.10 Nikolaus Pevsner (1902–1983)

Auch wenn Nikolaus Pevsner einige wenige Werke zur Malerei veröffentlichte, war er vor allem Architekturhistoriker und hat einige Standardwerke geschrieben, darunter *Europäische Architektur von den Anfängen bis zur Gegenwart*, erstmals 1943 in England (und auf Englisch) erschienen, auf Deutsch seit 1957 in neun Auflagen (die letzte in München 2008). Auch das *Lexikon der Weltarchitektur* wurde 1966 als Penguin Book auf Englisch publiziert, bevor es dann 1971 erstmals auf Deutsch erschien. Denn ebenso wie Erwin Panofsky gehörte Pevsner zu den Kunsthistorikern, denen 1933 die Lehrbefugnis entzogen wurde. Durch bereits vorhandene Kontakte in England war es ihm möglich zu emigrieren.

Er wurde 1902 in Leipzig als Nikolaus Bernard Leon Pewsner geboren und studierte von 1921 bis 1924 in München, Berlin, Frankfurt am Main und Leipzig Kunstgeschichte. In seiner Geburtsstadt promovierte er bei Wilhelm Pinder (1878–1947) über *Leipziger Barock. Die Baukunst der Barockzeit in Leipzig* (erst 1928 in Dresden publiziert), arbeitete dann aber als Volontär an der Dresdener Gemäldegalerie und beschäftigte sich mit der italienischen Malerei des Manierismus und Barock. Dieses Thema wurde Gegenstand seiner Habilitation, die ebenfalls 1928 erschien, als Teil des von Fritz Burger (1877–1916) herausgegebenen, 28 Bände umfassenden und von 1913 bis 1939 erschienenen *Handbuchs der Kunstwissenschaft* (nach Burgers Tod weitergeführt von Albert E. Brinckmann). Anschließend lehrte er in Göttingen als Privatdozent. Eine Vortragsreihe über englische Kunst führte ihn erstmals nach England. Die dort entstandenen Kontakte konnte der Protestant mit jüdischen Wurzeln dann nach 1933 ausbauen. Einem Vortragszyklus am Courtauld-Institute of Art in London folgte 1934/35 eine Forschungsassistenz in Birmingham. Als der Kunsthistoriker dann 1935 bei der Möbelfirma Gordon Russel eine Anstellung erhielt, emigrierte er offiziell. Pevsner wurde 1941 Mitherausgeber der *Architectural Review*, 1942 Dozent am Londoner Birkbeck College, 1949 Professor für Kunstgeschichte in Cambridge, später in Oxford. Damit gehörte er auch zu den Emigranten, die das Fach Kunstgeschichte an englischen Universitäten etablierten. Orientiert an dem deutschen *Dehio* (s. S. 35) gab er ab 1951 das 46bändige Werk *The Buildings of England* heraus und war 1953 Begründer der *Pelican History of Art*, einer Welt-Kunstgeschichte in Einzelbänden, deren Vorbild das von Burger herausgegebene *Handbuch der Kunstwissenschaften* war. Durch ihre Aufmachung, und später dann durch das Taschenbuchformat, sprach diese Reihe nicht nur das Bildungsbürgertum an, wurde dabei aber von ausgewiesenen Wissenschaftlern verfasst. Bis 1977 erschienen unter Pevsners Herausgabe 41 Bände. Seine Verdienste um die englische Kunstgeschichte wurden durch zahlreiche Preise und Ehrungen gewürdigt. 1969 wurde er sogar in den Adelsstand erhoben.

Für Pevsner musste die Kunst immer auch dienende Funktion haben. Die Arts & Crafts-Bewegung in England verband für ihn Kunst und Handwerk wieder zu einer Einheit. Diese hatte (für Pevsner) ihre direkten Nachfolger in dem Gründer des Weimarer Bauhaus und Architekten Walter Gropius (1883–1969) und anderen Vertretern des Neuen Bauens und des Industrie-Design, nicht aber in den Jugendstilkünstlern, die er ablehnte, die sich aber selbst auf die Arts & Crafts-Bewegung bezogen.

Seine Vorstellungen formulierte er erstmals in dem Buch *Pioneers of Modern Design from William Morris to Walter Gropius* (*Wegbereiter moderner Formgebung von Morris bis Gropius*), das 1936 in England erschien, dessen Ideen aber schon in die Göttinger Zeit zurückreichen. Dieses Buch, das 1957 erstmals auch auf Deutsch publiziert wurde, machte ihn zu einem Verfechter des funktionalen Baustils, was schon allein durch die Worte deutlich wird, mit denen Pevsner die von Walter Gropius erbaute Musterfabrik für die Werkbundausstellung von 1914 charakterisiert: »Es liegt etwas Erhabenes in dieser mühelosen Beherrschung von Material und Gewicht. Niemals seit der Ste. Chapelle und dem Chor von Beauvais hat die menschliche Baukunst derart über die Materie triumphiert. Der Charakter der neuen Bauten ist jedoch durchaus ungotisch, ja antigotisch. [...] die Glaswände heute [sind] klar und frei vom Mysterium«. Zusammenfassend urteilt er: »Die schöpferischen Aktivitäten dieser Welt, in der wir leben und arbeiten und die wir meistern wollen, eine Welt der Wissenschaft und Technik, der Eile und Gefahr, eine Welt der harten Kämpfe und ohne persönliche Sicherheit – das ist es, was Gropius' Baukunst verherrlichte« (*Wegbereiter moderner Formgebung von Morris bis Gropius*, S. 118.).

Solche Aussagen brachten ihm auch massive Kritik ein. Doch war das nur ein Aspekt seines Wirkens. Langfristig wichtiger sind seine anderen Arbeiten als Kunsthistoriker, vor allem im Bereich der Architektur. So setzte er sich für den Erhalt von Gebäuden des 19. Jahrhunderts ein. Das hatte auch Einfluss auf die Neubewertung der Kunst im 19. Jahrhundert in Deutschland. Pevsner trat auch hier wieder in Erscheinung, hielt Vorträge, nahm an Forschungsprojekten teil und erhielt 1958 im Zuge der Wiedergutmachung den Titel eines ordentlichen Professors samt Ruhegehalt. Er blieb aber in England wohnen und starb 1983 in London als Sir Nikolaus.

Schriften

Pioneers of Modern Design from William Morris to Walter Gropius. London 1936. [Dt.: Wegbereiter moderner Formgebung von Morris bis Gropius. Hamburg 1957.]

An Enquiry into the Industrial Art in England. Cambridge 1937.

Academies of Art, Past and Present. Cambridge 1940. [Dt.: Die Geschichte der Kunstakademien. München 1986.]

The Englishness of English Art. London 1956. [Dt.: Das Englische in der englischen Kunst. München 1974.]
A History of Building Types. London 1976. [Dt.: Funktion und Form. Die Geschichte der Bauwerke des Westens. Hamburg 1998.]

Literatur

Draper, Peter (Hrsg.): Reassessing Nikolaus Pevsner. Aldershot 2004.
Engel, Ute: Nikolaus Pevsner. In: Pfisterer, Ulrich (Hrsg.): Klassiker der Kunstgeschichte. Bd. 2: Von Panofsky bis Greenberg. München 2008. S. 135–149. [Mit Literatur.]

4.11 Ernst H. Gombrich (1909–2001)

»Genaugenommen gibt es die Kunst gar nicht. Es gibt nur Künstler.« Mit diesen Sätzen beginnt die *Geschichte der Kunst*, erstmals 1950 in England erschienen, aber nicht als *History of Art*, sondern als *Story of Art*. Das Deutsche kennt da keine Differenzierung. Autor war der 1909 in Wien geborene Kunsthistoriker Ernst H. Gombrich, der sein Studium in Wien 1933 mit der Promotion bei Julius von Schlosser beendete. Von diesem stammen die oben zitierten Sätze. Die Urheberschaft gab Gombrich erst sehr spät preis, lange Zeit galt dieser Satz als von ihm geprägt.

Noch in Wien schrieb Gombrich *Eine kurze Weltgeschichte für junge Leser* (Wien 1935; zuletzt Köln 2010). Dann wurde er Forschungsassistent bei Ernst Kris (1900–1957), damals Kustos am Kunsthistorischen Museum in Wien für Plastik und Kunstgewerbe. Da er als Jude auch schon vor dem sogenannten Anschluss Österreichs keine Chance auf eine feste Anstellung hatte, folgte Gombrich

1936 dem Angebot, mit einer Art Werkvertrag am Londoner Warburg Institut den Nachlass Aby Warburgs zu ordnen und sich mit dem unvollendet gebliebenen *Mnemosyne-Atlas* zu beschäftigen. Seit dieser Zeit arbeitete er an dem Londoner Institut und wurde 1959 dessen Direktor, unterbrochen nur von der Kriegszeit, als er bei der BBC deutsche Rundfunksendungen abhören und ins Englische übersetzen musste. 1947 wurde Gombrich britischer Staatsbürger, als der er 1972 zum Ritter geschlagen wurde. Das ist nur eine von vielen Ehrungen, die Sir Ernst erhielt, der außerdem Professor an der University of London war.

Story of Art, sein erfolgreichstes Buch, wurde in 34 Sprachen übersetzt, ist allerdings nicht das Hauptwerk des Kunsthistorikers. Als dieses kann eher *Art and Illusion* bezeichnet werden, in dem es um Wahrnehmungspsychologie geht und um die Frage, welche Ursachen für künstlerische Veränderungen verantwortlich zu machen sind. Laut Gombrich hängt die Darstellung immer davon ab, was der Künstler zu sehen glaubt. Und dabei spielen die jeweiligen Wahrnehmungsgewohnheiten eine große Rolle. Die Frage, wie es zu diesen Gewohnheiten und ihren Veränderungen kommt, bleibt allerdings ausgeblendet.

Das Buch beginnt mit zahlreichen Fragen: »Woher kommt es, daß verschiedene Zeiten und Völker die sichtbare Welt in so verschiedener Weise dargestellt haben? Werden Bilder, die uns heute als lebenswahr erscheinen, kommenden Generationen ebenso unwirklich vorkommen wie uns heute die Darstellungen der alten Ägypter? Ist alles, was mit Kunst zu tun hat, vollkommen subjektiv, oder gibt es in diesen Dingen so etwas wie objektive Maßstäbe? [...] Würde die Annahme einer [...] Verschiedenheit der künstlerischen Wahrnehmung vielleicht dazu beitragen können, die verwirrenden Schöpfungen und Bilder moderner Künstler zu verstehen?« (*Kunst und Illusion*, 2002, S. 3).

Doch kann Gombrich auch nicht auf die Wahrnehmungspsychologie reduziert werden. In seinen Publikationen beschäftigte er sich mit ganz unterschiedlichen Fragen: Er schrieb Aufsätze zu Einzelfragen der Renaissance und distanzierte sich von einer übermächtigen Ikonologie, da sich nicht jedes Detail eines Bildes mit einem vorgegebenen Inhalt erklären ließe. Damit ging er auch auf Distanz zu Aby Warburg, über den er 1970 eine, bis heute gültige, Biographie verfasst hatte.

Gombrich nahm auch zu anderen Fragen Stellung. Als er einen Vortrag über jüdische Kultur in Wien um 1900 halten sollte, erklärte er unmissverständlich, dass der Begriff der jüdischen Kultur für ihn eine nationalsozialistische Terminologie sei, die mit den tatsächlichen Identifizierungen nichts zu tun habe.

Sein letztes Buch, in dem er sich mit den Vorlieben für die sogenannte primitive Kunst auseinandersetzte, erschien im Jahr 2002. Im Herbst davor war Gombrich im Alter von 92 Jahren in London gestorben.

Schriften

Story of Art. London 1950. [Dt.: Die Geschichte der Kunst. Köln 1952. – Erw., neu bearb. 16. Ausg. Berlin 2009. Erste dt. Kompaktausg. Berlin 2016.]

Art and Illusion. A Study in the Psychology of Pictorial Representation. London 1960. [Dt.: Kunst und Illusion. Zur Psychologie der bildlichen Darstellung. Köln 1967. 6. Ausg. Berlin 2002.]

Meditations on a Hobby Horse and Other Essays on the Theory of

Art. London 1963. [Dt.: Meditationen über ein Steckenpferd. Von den Wurzeln und Grenzen der Kunst. Frankfurt a. M. 1973.]

Norm and Form. London 1966. [Dt.: Norm und Form. Stuttgart 1985.]

The Sense of Order. A Study in the Psychology of Decorative Art. London 1979. [Dt.: Ornament und Kunst. Schmucktrieb und Ordnungssinn in der Psychologie des dekorativen Schaffens. Stuttgart 1982.]

Jüdische Identität und jüdisches Schicksal. Eine Diskussionsbemerkung. Wien 1997.

Literatur

Rosen, Valeska von: Ernst H. Gombrich. In: Pfisterer, Ulrich (Hrsg.): Klassiker der Kunstgeschichte. Bd. 2: Von Panofsky bis Greenberg. München 2008. S. 175–185. [Mit Literatur.]

www.gombrich.co.uk. [Mit ausführlicher Bibliographie.]

III Methoden der Kunstgeschichte

Die Annäherung an ein Kunstwerk kann auf verschiedene Weisen geschehen: Betrachtung und Genuss oder Ablehnung ohne jegliche Vorkenntnis ist die spontane Art, hat aber natürlich nichts mit einer wissenschaftlichen Vorgehensweise zu tun. Im Laufe der Zeit haben sich verschiedene Formen der Analyse von Kunstwerken herausgebildet (s. auch Kap. II 4), die wichtige Aspekte abdecken, für sich genommen aber immer nur Teil einer umfassenden Analyse sein können. Dennoch gab (und gibt) es unter Kunsthistorikern Auseinandersetzungen um die »richtige« Methode. Verfechter der Form- oder Stilanalyse lehnten Ikonografie und Ikonologie ab, weil die Analysen nicht vom Bild ausgehen, sondern sich vor allem auf Wissen stützen, das nicht durch eine (durchaus vergleichende) Bildbetrachtung gewonnen werden kann. Umgekehrt sahen Vertreter der Ikonografie und Ikonologie in Stilanalysen unnötige Faltenzählerei. Zu diesen, lange Zeit als die Hauptrichtungen geltenden Methoden kommen weitere hinzu, wie die Frage nach Funktion und Kontext, oder anders formuliert, für welchen Zweck das Kunstwerk ursprünglich geschaffen wurde.

Die Herangehensweise an ein Kunstwerk und die Analyse unter Berücksichtigung der unterschiedlichen Methoden sei an einigen Beispielen verdeutlicht.

1 Die *Madonna del Voto*

1.1 *Befund*

Unter dem Befund verstehen wir die Fakten über ein Kunstwerk, die wir allerdings nur dann benennen können, wenn sie uns (aus eigener Anschauung und aus der Literatur) bekannt sind.

- *Handelt es sich um Malerei, Zeichnung, Skulptur, Architektur, Kunsthandwerk?*
- *Aus welchem Material besteht das Kunstwerk?*
- *Wie groß ist es?*
- *Wo befindet es sich?*

Die sogenannte *Madonna del Voto* (Abb. 10) ist eine Malerei auf einer Holztafel mit den Maßen 112,5 × 87 cm (bei Bildern ist immer Höhe vor Breite angegeben). Die Holztafel ist allseitig beschnitten. Sie befindet sich im Dom (Santa Maria Assunta) von Siena in der sogenannten Chigi-Kapelle oder Cappella della Madonna del Voto, die durch einen schmalen Gang mit der südlichsten Kapelle des Ostquerhauses verbunden ist. Sie ist weder datiert noch signiert.

1.2 *Beschreibung*

In diesem zweiten Schritt wird das Kunstwerk beschrieben, wobei Dinge, die wir aufgrund unseres Kulturkreises erkennen, natürlich benannt werden können (wie der Hut in dem Beispiel von Panofsky, s. Kap. II 4.9, S. 58).

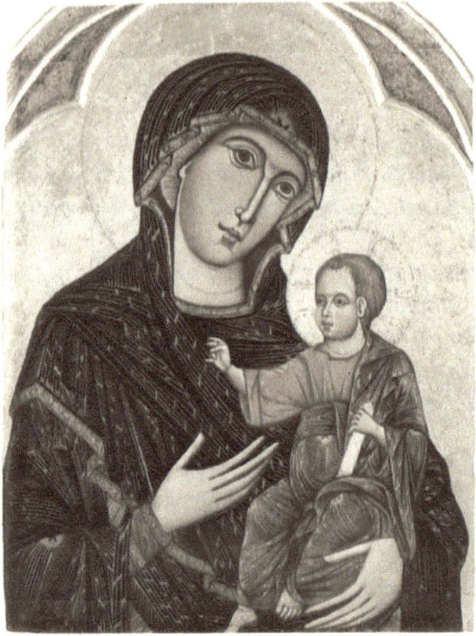

Abb. 10: Dietisalvi di Speme (Zuschreibung), *Madonna del Voto*, um 1270, Holz

Auf der viereckigen Holztafel sieht man Kopf und Oberkörper einer Frau, die ein Kind auf dem Arm hält. Die Frau trägt einen dunkelblauen, mit Gold verzierten Mantel, der auch das Haar bedeckt. Darunter ist noch ein rotes Kopftuch sichtbar. Der Mantel reicht bis über die rechte Schulter. Er verdeckt zu Teilen ein helleres Gewand, unter dem ein roter Ärmel hervorschaut, der zu einem weiteren Untergewand gehört. Mit ihrer linken Hand hält sie das Kind fest, das auf ihrem Arm sitzt. Mit der rechten Hand deutet sie auf das Kind, das viel erwachsener aussieht, als es seine Größe zulässt. Das Kind trägt einen mit Gold durchwirkten Mantel, der den rechten Arm, die Schulter und Teile der Brust freilässt. Dort wird ein rotes Untergewand sichtbar. In seiner linken Hand hält es ein Objekt, das aussieht wie ein goldenes Rohr, die rechte Hand hat es erhoben. Drei Finger sind von dieser Hand abgespreizt, die Spitzen von Daumen und Ringfinger berühren sich und bilden einen Kreis. Wo sich die beiden Figuren befinden, ist unklar. Der Hintergrund ist golden, allerdings sind in den oberen Ecken der Tafel weiße Holzleisten in verschiedenen Bogenformen angebracht, die Zwischenräume wieder mit Gold belegt. Hinter den Köpfen der beiden Figuren sind im Goldgrund Kreise zu sehen. Der Kreis des Kinds überschneidet nicht nur den der Frau, er verdeckt auch ihre Schulter. In dem Kreis sind noch sechs Streifen zu erkennen.

Nach dieser Beschreibung, in die noch kein weiteres Wissen mit einfließt, muss man sich entscheiden, ob man mit der ikonografischen Bestimmung oder einer Form- und Stilanalyse fortfahren möchte. Ich plädiere für ersteres.

1.3 Ikonografie

Die Ikonografie ist die Deutung dessen, was auf einem Kunstwerk dargestellt ist. Für die Beschäftigung mit Kunstwerken, die im europäischen Kulturkreis entstanden sind, ist es unabdingbar, die biblische Geschichte, die wichtigsten Heiligenlegenden, die griechische und römische Mythologie ebenso wie die nordeuropäische Sagenwelt mit dem Nibe-

lungenlied und den verschiedenen Geschichten um König Artus und die Suche nach dem heiligen Gral zu kennen, um das Werk grob einordnen zu können. Für Details stehen Lexika als Hilfsmittel zur Verfügung, die in den meisten Fällen dem Internet vorzuziehen sind (s. Kap. VIII).

Der Aufbewahrungsort des Bildes ist ein eindeutiger Hinweis dafür, dass wir für das Thema der Darstellung im christlichen Kontext suchen müssen. Der Titel benennt die Dargestellte als *Madonna del Voto*, als Mariendarstellung. Diese Maria hält das Jesuskind auf dem Arm und fordert mit ihrer rechten Hand die gläubigen Betrachter dazu auf, das Kind anzusehen. Die Geste weist aber auch auf ihre Vermittlerrolle hin, die sie zwischen den Menschen und Gott besitzt. Das Jesuskind hat die rechte Hand zum Segensgestus erhoben.

Dieser Segensgestus mit drei ausgestreckten Fingern und dem Ring aus Daumen und Ringfinger ist eine Kombination aus dem byzantinischen Gestus, bei dem Christus (auch in anderen Darstellungen wie denen des Weltenrichters) Zeige- und Mittelfinger ausgestreckt hat und der Daumen Ring- und kleinen Finger berührt sowie dem westlichen Segen, bei dem Daumen, Zeige- und Mittelfinger ausgestreckt sind, Ring- und kleiner Finger aber angelegt bleiben. Mit dieser Kombination ist die Einheit (der Ring aus Daumen und Ringfinger) der Dreieinigkeit (die drei anderen Finger) ausgedrückt.

Diese Information gewinnt man zum Beispiel aus dem Lexikon der christlichen Ikonographie *oder aber aus dem kleinen Handbuch* Reclams Lexikon der Heiligen und biblischen Gestalten *unter dem Stichwort »Christus: Symbolik«.*

Das »Rohr«, das der Jesusknabe in der anderen Hand hält, ist eine Schriftrolle und verbildlicht den Beginn des Johannesevangeliums. Dessen erster Satz heißt: »Am Anfang war das Wort, und das Wort war bei Gott, und Gott war das Wort.« Weiter geht es mit Vers 14: »Und das Wort ward Fleisch und wohnte unter uns, und wir sahen seine Herrlichkeit, eine Herrlichkeit als des eingeborenen Sohnes vom Vater, voller Gnade und Wahrheit.« Gott (Jesus) ist das Wort und wurde durch Maria zu Fleisch und Blut, weshalb er auf ihrem Schoß sitzend das Wort (die Schriftrolle) als Symbol seiner selbst in der Hand hält.

Es gibt in den bildlichen Darstellungen verschiedene Marientypen wie die Maria orans (die Betende), die Panagia (die Allerheilige oder Allerheiligste), die Galaktotrophousa oder Maria lactans (die das Kind Nährende), die apokalyptische Madonna oder die Schutzmantelmadonna, die nicht alle zur gleichen Zeit dargestellt wurden. In unserem Fall handelt es sich um die Hodegetria, die Wegbereiterin, die immer das Kind auf dem linken Arm trägt, das mit der Schriftrolle ausgestattet ist und die rechte Hand zum Segen erhoben hat.

Die Kreise hinter den Köpfen sind die Heiligenscheine. Die Streifen im Heiligenschein des Jesuskinds bilden ein Kreuz und weisen so bereits auf den Opfertod hin.

Für diese Auslegungen benötigt man die Bibel, aber natürlich auch Vorwissen, das man sich durch das Lesen von Fachliteratur erwirbt.

Als letztes stellt sich nun die Frage, was die Bögen am oberen Bildrand bedeuten. Zieht man die weißen Grate weiter nach oben, treffen sie sich in der Mitte zu einem vollständigen Bogen. Das spricht dafür, dass das Bild größer war (die Tafel ist ja auch tatsächlich beschnitten) und es sich um einen gemalten Rahmen handelt, wie er vielfach bei mittelalterlichen Altarbildern zu finden ist.

Wir wissen jetzt also, dass es sich bei dem Bild um eine Maria vom Typ der Hodegetria handelt, die aus einem größeren Zusammenhang, vermutlich einem größeren Altarbild, stammt. Damit sind wir bei der Funktionsanalyse angekommen, vor die wir allerdings noch die Stilanalyse stellen wollen.

1.4 *Stilanalyse und mögliche Datierung*

Kein Fachausdruck der Kunstgeschichte kennt so viele Auslegungen und Bedeutungen wie das Wort Stil. Sicher ist wohl, dass das Wort aus dem Lateinischen stammt. »Stilus« bedeutet unter anderem ›Griffel, Schreibgerät‹. Im übertragenen Sinne wurde das Wort dann bereits in der Antike für die individuelle Ausdrucksweise eines Redners verwendet. Diese Bedeutung änderte sich im Lauf der Jahrhunderte. In der Kunstgeschichte meint es heute die Art zu malen, zu formen oder zu bauen, wobei zwischen dem Epochenstil, dem Regionalstil und dem Individualstil unterschieden wird. Hinzu kommen noch andere Begriffe wie der Früh- und Spätstil bei einem Künstler und viele andere mehr.

Mit Hilfe der Stilanalyse kann ein Kunstwerk in einen größeren Zusammenhang eingeordnet werden. Das verlangt ein vergleichendes Sehen und darüber hinaus eine große

Kenntnis an Werken. Aus diesem Grunde haben sich auch viele Kunsthistoriker auf eine Epoche, ein Land, eine Region, sogar einen Künstler spezialisiert. Sie besitzen dann zwar auf ihrem Gebiet eine große Kennerschaft, ihnen fehlt aber oft der Blick für große Zusammenhänge, was zu Fehleinschätzungen führen kann. Außerdem können Quellenfunde das Ergebnis einer reinen Stilanalyse widerlegen.

Literatur

Locher, Hubert: Stil. In: Pfisterer, Ulrich (Hrsg.): Metzler Lexikon Kunstwissenschaft. Stuttgart/Weimar 2003. S. 335–340.

Ausgangspunkt einer jeden Stilanalyse ist die Formanalyse, also die Detailbeschreibung des Bildes. Fangen wir beim Gesicht der Madonna an:

In dem ovalen Gesicht dominieren die mandelförmigen Augen mit großer, dunkler Iris. Dunkle Augenringe lassen sie noch größer erscheinen, ebenso wie die gebogenen, dunklen Augenbrauen, die bis unter die Nasenwurzel reichen, welche durch eine hellere Farbe hervorgehoben ist. Die gerade Nase endet in einer leichten Rundung. Der rechte Nasenflügel sieht wie eine Kugel aus, der linke ist von der Nase verschattet. Die Kerbe über der Oberlippe wird durch einen dunklen Strich angedeutet, der kleine Mund besitzt eine stark geschwungene Oberlippe. Die Unterlippe stülpt sich in der Mitte vor und ist seitlich nicht mehr erkennbar. Ein leichter Bogen darunter modelliert das Kinn.

Der Kopfteil des Mantels wirkt wie eine Kapuze, die von einem breiten Band eingefasst ist. An der Stirn ganz gerade, bildet der Stoff an der Seite drei zackige Falten, die sehr starr wirken. Der Stoff selbst ist durch gerade goldene Linien strukturiert, die immer wieder von kurzen, etwas dickeren Querlinien unterbrochen werden, was zu einer Rhythmisierung beiträgt. Der Mantel endet am rechten Arm wieder mit einer Bordüre in zackigen Falten und lässt das ebenfalls mit goldenen Linien durchwirkte Untergewand sehen, unter dem sich noch ein langärmliges rotes Gewand versteckt, dessen Ärmel wiederum durch Bordüren abgesetzt sind. Die Hände scheinen vollkommen knochenlos zu sein, die langen, dünnen Finger besitzen keine Glieder.

Das Gesicht des Kinds ist ähnlich konstruiert wie das der Mutter, bei ihm sieht man allerdings noch das verhältnismäßig große Ohr und das dichte, nach vorne gekämmte Haar, das sogenannte Geheimratsecken bildet.

All diese Stilmerkmale weisen ebenso wie die ikonografische Erklärung, dass es sich bei dem Bild um eine Hodegetria handelt, in das Siena der Zeit kurz vor oder nach 1300. Da die Muttergottes nicht nur die Patronin des Doms, sondern der ganzen Stadt war, haben sich dort unzählige Marienbilder erhalten. Viele von ihnen befinden sich heute im Museum, der Pinacoteca Nazionale di Siena, andere werden weiterhin in der Kirche aufbewahrt, für die sie gemalt wurden.

Doch von wem wurden sie gemalt? Bilder wurden damals in Werkstätten hergestellt, denen ein Meister vorstand, doch nur wenige Bilder wurden signiert. Es haben sich aber auch Urkunden erhalten, durch die ein Bild einem Meister zugeordnet werden kann. Wie schwierig das dennoch sein kann, zeigt der Name Guido da Siena. Guido war ein damals durchaus gebräuchlicher Name. In Quellen wird mal ein Guido ohne Zusätze, mal ein Guido dipegnitore, mal ein Guido di Graziano genannt, die früher alle mit Guido da Siena identifiziert wurden. Möglicherweise sind es aber auch mehrere Personen. Erschwerend kommt hinzu, dass ein inschriftlich datiertes und signiertes Werk von Guido aus dem Jahr 1221 stammen soll, das für San Domenico gemalt wurde und sich heute im Palazzo Pubblico befindet. Es wäre damit sehr viel älter als die anderen bekannten Sieneser Altarbilder in ähnlichem Stil. Diese Inschrift wurde allerdings inzwischen als Fälschung identifiziert. Ein anderes Altarbild, ebenfalls von (einem?) Guido da Siena, stammt aus dem Jahr 1270 (Siena, Pinacoteca Nazionale) und kann vom Stil her durchaus mit der *Madonna del Voto* verglichen werden. Deshalb ist auch in einigen Büchern zu lesen, dass die *Madonna del Voto* von Guido da Siena stammt oder in seiner Werkstatt gemalt wurde.

Dieser Vergleich überzeugt umso mehr, wenn man noch ein Marienbild von Coppo di Marcovaldo (Siena, Santa Maria dei Servi) hinzuzieht, das 1261 datiert ist. In den Details unterscheiden sich die Gesichter der Madonnen. Die Augenbrauen sind weniger gebogen, dafür aber ist die Nase stärker ausgebildet. Der Stoff der Kopfbedeckung fällt in völlig anderen Falten. Dieser ist allerdings auch bei dem Altarbild von Guido und unserer Madonna unterschiedlich.

Inzwischen haben sich in den Archiven weitere Meisternamen gefunden, die mit Werken der Sieneser Malerei um 1300 in Verbindung gebracht werden können. Oft entsteht dabei dank eines gesicherten Werkes durch Stilvergleich eine ganze Werkgruppe. Die Spezialisten sind jedoch nicht immer einer Meinung, so dass ein Werk in verschiedenen Publikationen oft unterschiedlichen Malern zugeschrieben wird.

Und so soll auch die *Madonna del Voto* inzwischen von dem Maler Diotisalvi di Speme stammen, der 1250 bis 1291 in Siena dokumentiert war und von dem man einige Werke sicher kennt. Vielleicht wurde sie aber auch von einem Meister gemalt, dessen Namen man (noch) nicht kennt. Mit Sicherheit kann jedoch festgestellt werden, dass die *Madonna del Voto* um 1270 in einer Sieneser Malereiwerkstatt entstanden ist. Aufgrund des Vergleichs mit dem Altarbild von 1270 ist außerdem zu vermuten, dass es sich bei der *Madonna del Voto* früher ebenfalls um ein Altarbild gehandelt hat, auf dem die Muttergottes von anderen Heiligen flankiert wurde und alle Figuren von Bögen gerahmt wurden. Solche Altarbilder waren in Siena damals sehr beliebt. Eine Rekonstruktion zeigt, wie das Altarbild hätte aussehen können (Abb. 11).

1.5 Funktions- und Kontextanalyse

Bei Kunstwerken, die nicht für den freien Verkauf oder für das Museum geschaffen wurden, die sich aber heute nicht mehr in ihren ursprünglichen Zusammenhängen befinden, ist es notwendig zu fragen, wofür sie geschaffen wurden und welche Aufgabe sie zu erfüllen hatten. Häufig ergibt sich besonders die Funktionsanalyse bereits aus der ikonografischen und der Stilanalyse.

Die *Madonna del Voto* befindet sich heute – wie wir wissen – in der sogenannten Chigi-Kapelle des Sieneser Doms. Ein Blick in den ausführlichen italienischen Reiseführer, den TCI Toscana, reicht aus, um zu erfahren, dass diese Kapelle im Auftrag des Papstes Alexander VII. (eigentlicher

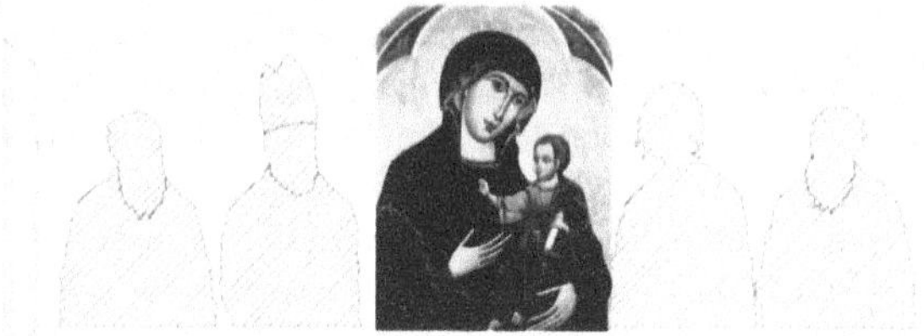

Abb. 11: Madonna del Voto, Rekonstruktion des Retabels

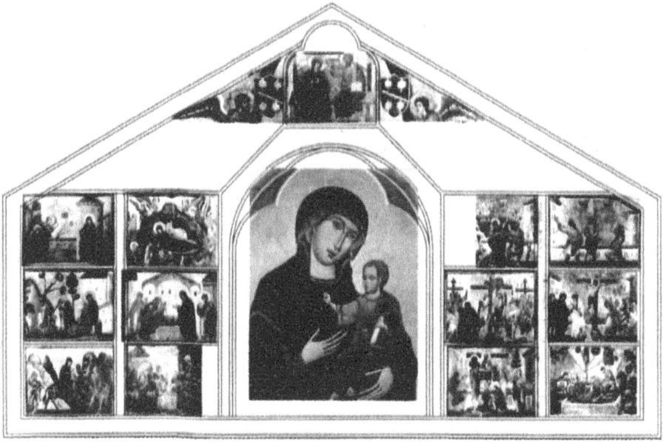

Abb. 12: Madonna del Voto, Rekonstruktion des Retabels, Variante

Name: Fabio Chigi) 1661 nach einem Entwurf des berühmten Barockbildhauers und Architekten Gianlorenzo Bernini (1598–1680) gebaut wurde. Und ein Bild von der Kapelle (zum Beispiel aus dem Internet) zeigt uns, dass sich das Bild in der Kapelle über dem Altar befindet. Den breiten Goldrahmen halten zwei Engel. Außerdem tragen Mutter und Kind goldene Kronen und Ketten, die nicht gemalt, sondern aus Metall auf das Bild aufgesetzt sind. Solche »Bekleidungen« waren und sind im kirchlichen Zusammenhang durchaus üblich, sollen uns jetzt aber nicht beschäftigen.

Die *Madonna del Voto* wurde um 1270 geschaffen und war Teil eines größeren Altarbildes. Erst später kam sie dann als Einzelbild in die Chigi-Kapelle. Doch wo befand sie sich ursprünglich? Dafür gibt es verschiedene Lesarten:

1. Man weiß, dass für die Weihe des Doms von Siena 1267 ein Altarbild in Auftrag gegeben wurde. Vierzig Jahre später wurde es durch das große Dombild von Duccio di Buoninsegna (gest. 1318) ersetzt und anschließend auf das zentrale Marienbild reduziert, das dann, in Erinnerung an die Stadtweihe (*voto*) von 1260, seinen Namen *Madonna del Voto* erhielt. Bei den sie begleitenden Figuren muss es sich um die vier männlichen Stadtpatrone von Siena gehandelt haben. Das waren die Heiligen Bartholomäus, Ansanus, Crescentius und Savinus. Damit war ein Altarbildtypus geschaffen worden, der sehr schnell Verbreitung fand.

2. Eine andere Quelle gibt an, dass bereits 1262 in einer Kapelle im Seitenschiff des Doms ein Altar gestiftet wurde, der den heiligen Bonifatius und die Muttergottes ehren sollte. Das Altarbild wurde vermutlich erst um 1270 ge-

malt, im Auftrag ist von Heiligen im Plural die Rede. Wieder muss die *Madonna del Voto* als Mittelteil herhalten, begleitet von vier Heiligen, darunter sicher dem hl. Bonifatius. Vorbild war nun das Altarbild von Guido, das uns bereits häufiger begegnet ist.

Einmal ist die *Madonna del Voto* Teil des wichtigsten Altarbilds des Doms, flankiert von den Stadtpatronen, das andere Mal steht sie auf einem Altar einer Seitenkapelle, flankiert von anderen Heiligen. Einig sind sich die beiden mit der Rekonstruktion befassten Wissenschaftler darin, dass sich die Madonna unter einem Dreipassbogen, die anderen Heiligen unter Rundbögen befunden haben, also unter einer Arkade, und das Altarbild durch einen Giebel bekrönt ist. Es gibt aber noch eine dritte Möglichkeit:

3. In einem Kloster in der Nähe von Montalcino (der Badia Ardenga) befanden sich spätestens seit 1575 zwölf Holztafeln mit Darstellungen aus dem Leben Christi, genauer seiner Kindheit und der Passion. Diese Tafeln werden heute in verschiedenen Museen aufbewahrt (Altenburg, Paris, Princeton, Siena, Utrecht) und zum Teil Guido da Siena, zum Teil aber auch Diotisalvi di Speme zugeschrieben.

Die 2001 erstmals geäußerte Theorie, diese 12 Bilder könnten zusammen mit der *Madonna del Voto* zu einem großen Altarbild gehört haben, das auf der linken Seite die Szenen des Marienlebens bis zum *Bethlehemitischen Kindermord*, auf der rechten dann die Passionstafeln und über der Madonna im Giebelfeld eine *Krönung Mariens* (heute in London im Museum des Courtauld-Instituts, ebenfalls Guido zugeschrieben) zeigte, wurde durch eine Röntgenanalyse untermauert (Abb. 12). Die kleinen Tafeln und die *Madonna del Voto* wurden auf Brettern gemalt, die zusammengehört haben. Das kann man an der Maserung genau erkennen.

Trotz dieses eindeutigen Befundes wird die Rekonstruktion des Altarbilds von einigen Wissenschaftlern bezweifelt. Einig sind sie sich darin, dass die *Madonna del Voto* die Funktion eines Altarbilds hatte und im Zusammenhang mit der Marienverehrung in Siena entstand. Ob sie nun für den Hauptaltar oder für einen Seitenaltar geschaffen wurde, muss jedoch offenbleiben.

1.6 Ikonologische Analyse

Ikonografische und ikonologische Analyse gehören eigentlich zusammen, bauen aufeinander auf, doch ist es in diesem Fall wichtig gewesen, zuerst den Kontext zu klären. Hier stellt sich jetzt die Frage, welche Bedeutung das Altarbild einst besaß, bei der andere, schriftliche oder bildliche Quellen, herangezogen werden.

Wenn wir davon ausgehen, dass das Marienbild Teil des Altarbilds mit dem großen Bilderzyklus war, kommen wir bei einer ikonologischen Analyse zu anderen Ergebnissen, als wenn es sich um eine von Heiligen begleitete Muttergottes handelt. Im ersten Fall müsste hier jetzt erst eine ikonografische Analyse sämtlicher Bildtafeln erfolgen. Diese übergehen wir hier.

Augenfällig ist die ausdrucksstarke Erzählweise der einzelnen Szenen des Zyklus. Solche szenischen Darstellungen waren im damaligen Italien relativ neu. Vorbilder für sie waren byzantinische Ikonen, die ebenfalls Geschichten aus dem Leben von Heiligen erzählen und die als Import aus

Byzanz bekannt waren. Parallelen zu dem Zyklus finden sich aber auch in der Unterkirche von San Francesco d'Assisi. Die Fresken mit einem Passionszyklus, dem Szenen aus dem Leben des hl. Franziskus gegenübergestellt sind, werden um 1260 datiert. Außerdem wurden vor nicht allzu langer Zeit im Dom von Siena Wandbilder entdeckt, die einen ähnlichen Zyklus zeigen und vermutlich relativ zeitgleich mit den Tafeln unseres Altarbilds von denselben Malern ausgeführt wurden.

Um die Zeit der Entstehung dieser Kunstwerke, 1260, besiegten die Sienesen die Florentiner in einer Schlacht bei Montaperti vermeintlich dank Hilfe der Muttergottes. Deshalb wurde sie kurz darauf zur Stadtpatronin ernannt, ihr wurde die Stadt geweiht. Neben den zahlreichen Marienbildern entstanden nun auch erste Zyklen, die ihr Leben schilderten, allerdings noch nicht so ausführlich wie in späteren mariologischen Zyklen, die mit der Verkündigung ihrer Geburt an die Eltern Joachim und Anna beginnen. Siena wurde jedenfalls zu einem Zentrum der Marienverehrung und damit auch der Marienbilder, weshalb auch Auftraggeber in anderen Städten Marienbilder gerne von Sieneser Malern ausführen ließen. Literarisch stützen sich diese Mariendarstellungen vor allem auf Legenden wie sie in apokryphen Texten zur Bibel erzählt werden.

Unser Zyklus erzählt die Kindheit Christi, angefangen mit der Verkündigung seiner Geburt an Maria durch Darstellungen, an denen Maria teilhat. Die einzige Ausnahme bildet der Bethlehemitische Kindermord, in dem nicht die Verzweiflung einer Mutter, sondern die aller Mütter illustriert ist. Auf der gegenüberliegenden Seite, der Passion, die auch die Schmerzen Marias thematisiert, ist sie auf den ersten beiden Darstellungen, der *Gefangennahme* und der *Geißelung*, nicht anwesend. Dafür ist sie in der Szene, bei der Christus das Kreuz besteigt, in ihrem Schmerz umso präsenter. Dieser erstaunlich emotionalen Szene folgt dann die Trauer um den Sohn. Triumphal erscheint die über allem thronende Maria, die von ihrem Sohn zur Himmelskönigin gekrönt wird. Die *Madonna del Voto* steht im Zentrum dieses Zyklus. Sie, die Muttergottes, ist die Wegbereiterin (Hodegetria) für den Mensch gewordenen Gottessohn, dessen Weg in die Welt und dessen Leiden hier erzählt werden. Und sie war es dann auch, welche die Stadt Siena nach dem Glauben ihrer Bürger zu ihrem triumphalen Sieg geführt hat.

Wenn die Madonna allerdings Zentrum einer Altartafel mit vier sie begleitenden Heiligen war, dann stellt sie zwar ebenso als Hodegetria die Wegbereiterin Gottes dar, dieses Mal aber vor allem als wichtigste Stadtpatronin und damit als diejenige, die das ganze Gemeinwesen schützt, nicht als Repräsentantin des Wunders der Erlösung.

Diese Analyse in klaren Einzelschritten ist nicht immer üblich, wurde hier aber gewählt, um die verschiedenen Möglichkeiten zu verdeutlichen. Dadurch zeigt sich aber auch, dass sich viele Punkte überschneiden. Bestimmte Antworten ergeben sich sowohl aus der ikonografischen als auch aus der Stilanalyse, in die Beschreibung fließen normalerweise Teile der ikonografischen Analyse mit ein. Die Frage nach der »richtigen« Methode ist durchaus berechtigt, denn an diesem Beispiel zeigt sich, dass sich nur durch die Anwendung mehrerer Analyseformen befriedigende Erklärungen ergeben.

Literatur

Belting, Hans: Bild und Kult. Eine Geschichte des Bildes vor dem Zeitalter der Kunst. München 1990.
– Das Werk im Kontext. In: H. B. [u.a.]: Kunstgeschichte. Eine Einführung. Berlin 2008. S. 229–246.
Blume, Dieter: Bilder am Ort der Eucharistie. Die vielen Rollen des Altarretabels. In: Philipp, Michael (Hrsg.): Die Erfindung des Bildes. Frühe italienische Meister bis Botticelli [Ausstellungs-Katalog Hamburg]. München 2011. S. 34–45.
Butzek, Monika: Die Karriere eines Bildes durch die Jahrhunderte: die »Madonna del Voto« im Dom von Siena. In: Schleif, Nina (Hrsg.): Der Mensch als Muster der Welt. Berlin 2010. S. 49–72.
John, Barbara: Claritas. Das Hauptaltarbild im Dom zu Siena nach 1260. Die Rekonstruktion [Ausstellungs-Katalog Lindenau Museum]. Altenburg 2001 – Darin: Manzke, Holger: Die Rekonstruktion der ursprünglichen Gestalt des Altarretabels mit der Madonna del Voto, der Marienkrönung und zwölf Szenen aus dem Leben Christi. S. 11–88.
Muller, Norman: Guido da Siena's Annunciation in Context. In: Record of the Princeton University Art Museum 63 (2004) S. 28–39.

2 Adam Lenckhardt, *Apoll schindet Marsyas*, 1644

Die Figurengruppe *Apoll schindet Marsyas* aus Elfenbein ist vollrund ausgearbeitet, misst in der Höhe 27,2 cm, die unregelmäßige querovale Standfläche 15,2 × 12,5 cm und ist bezeichnet: AL 1644 (unterhalb der Leier). Sie wurde 1644 von Adam Lenckhardt im Auftrag von Fürst Karl Eusebius von Liechtenstein (1611–1684) für dessen Wiener Sammlung geschaffen, befand sich später in der Sammlung von Anselm von Rothschild und konnte 1992 vom Bayerischen Nationalmuseum in München erworben werden (Abb. 13).

Über diese Skulptur weiß man damit offensichtlich alles. Eine weitere Analyse scheint nicht notwendig. 1995 wurde die Neuanschaffung des Bayerischen Nationalmuseums in einer Ausstellung gewürdigt, die zeigte, dass es sehr wohl möglich und auch nötig ist, Zusammenhänge herzustellen.

2.1 *Beschreibung*

Aus der querovalen Grundplatte erwächst ein gekappter Baumstamm mit zwei Astfragmenten. An Baum und Äste ist Marsyas mit Seilen gebunden. Apoll hat seinen Mantel über den einen Aststumpf gehängt und damit begonnen, Marsyas zu häuten, der seinen Kopf abwendet, hin zu einer Quellnymphe, die tröstend den frei herabhängenden Arm liebkost. Marsyas zu Füßen sitzt ein kleiner Satyrknabe in nachdenklicher Haltung. Zu Füßen von Apoll lehnt eine Panflöte am Baum, die Lyra des Gotts hängt auf der Rückseite am Baumstamm und damit über der zweiten Quellnymphe, die am Boden liegt, den Kopf in die Hand gestützt und trauernd nach unten blickend. Dort, unter ihrer Achsel, hat sich ein Spalt aufgetan, aus dem ein Fluss entspringt

2.2 *Das Thema*

Die Geschichte von Marsyas und Apoll stammt aus der antiken Mythologie und ist in verschiedenen Versionen überliefert. Marsyas, in Kleinasien ursprünglich ein Flussgott, wurde in Griechenland zum Satyr oder Silen, also zu einem bocksbeinigen Wesen im Gefolge des Weingottes Dionysos. Er erfand den Aulos, eine Art Oboe, auch kurz Flöte

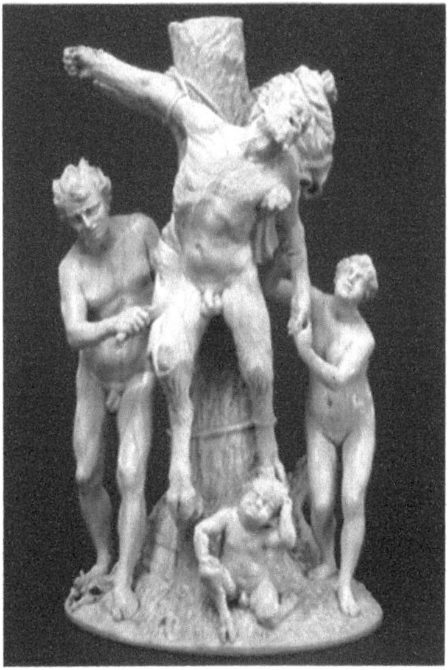

Abb. 13: Adam Lenckhardt, *Die Schindung des Marsyas*, 1644, Elfenbein

genannt. In einer anderen Version der Geschichte erfand die Göttin Athene den Aulos. Die anderen Göttinnen machten sich über sie lustig, als sie ihnen vorspielte, weil sie die Wangen so stark aufblasen musste. Nachdem sie sich selbst durch ihr Spiegelbild in einem Quellwasser davon überzeugt hatte, wie komisch sie aussah, warf sie die Flöte weg, die Marsyas trotz ihrer Warnung aufhob; bald konnte er perfekt darauf spielen. Nun forderte er den die Lyra beherrschenden Gott Apoll zum Wettstreit heraus. Es wurde abgemacht, dass der Sieger mit dem Unterlegenen nach Belieben verfahren dürfe. Schiedsrichter waren die Musen, aber auch der Berg Tmolus und König Midas werden in anderen Quellen genannt. Apollon siegte, band Marsyas an einen Baum und häutete ihn bei lebendigem Leib. Aus seinem Blut oder aus den Tränen der Nymphen und Satyrn wurde der Fluss Marsyas.

Doch auch der Hirtengott Pan trat mit Apoll in Wettstreit. Er spielte seine Syrinx (Panflöte) so schön, dass er dem Sieg schon nahe war. Doch Apoll hieß ihn, das Instrument auf dem Kopf stehend zu spielen beziehungsweise dazu zu singen. Beides geht mit der Lyra, aber nicht mit der Syrinx. So gewann Apoll ungerechterweise. Das hatte allerdings nicht solch katastrophale Folgen für Pan wie für Marsyas. Dafür wuchsen König Midas, der dafür plädierte, Pans Sieg anzuerkennen, Eselsohren. Beide Geschichten wurden in verschiedenen Erzählungen miteinander vermischt.

2.3 *Ikonografie und Ikonologie*

Ebenso wie sich in der Literatur Versatzstücke von der Marsyas-Legende und der Pan-Legende miteinander verwoben, geschah dies in den bildlichen Darstellungen. Und so hat auch Lenckhardt statt des Aulos die Syrinx gewählt, die nun am Baumstamm lehnt. Die Schiedsrichter, die häufig noch mit im Bild zu sehen sind – vor allem Midas mit den Eselsohren – ließ er beiseite, dafür sind zwei Nymphen, ein Satyrkind und der Fluss dargestellt, so wie auch Ovid in den *Metamorphosen* die Geschichte erzählt (6,382–400).

An welchen Vorbildern orientierte sich Lenckhardt, und

woher kannte er diese? Darstellungen gibt es bereits aus antiker Zeit. Doch da legt der Gott nicht selbst Hand an, sondern lässt das einen Skythen besorgen, der häufig vorbereitend schon das Messer schleift. Solche Gruppen gab es in allen Variationen: als große Figuren, als Kleinbronzen, auf Münzen und Medaillen. Sie wurden in der italienischen Renaissance wieder aufgegriffen und nun auch als Bilder dargestellt. Es gab also genug Anschauungsmaterial.

Adam Lenckhardt schuf die Gruppe im Auftrag des Fürsten von Liechtenstein zusammen mit zwei anderen Gruppen, die ebenfalls auf antike Quellen zurückgehen: das Paris-Urteil und Perseus und Andromeda (diese Geschichte erzählt Ovid ebenfalls in den *Metamorphosen*). Der Fürst besaß zahlreiche kleine Skulpturen mit ähnlichen Themen, die Lenckhardt kannte und die ihm sicher als Anregung dienten. Doch waren es offensichtlich nicht nur mythologische Figuren, die ihn inspirierten, sondern auch christliche.

So wurde auch dem hl. Bartholomäus die Haut abgezogen. Marsyas und Bartholomäus boten Gelegenheit, einen *écorché* darzustellen, also einen Menschen ohne Haut, bei dem der Verlauf von Muskelsträngen und Sehnen sichtbar ist. Manchmal war bereits der gesamte Körper gehäutet, in unserem Fall sind lediglich der ausgestreckte Arm, die Hälfte des Oberkörpers und der Oberschenkel ohne Haut zu sehen. Die Art, wie Marsyas an den Baum gebunden ist, erinnert an die Darstellung eines anderen Heiligen, nämlich an das Martyrium des heiligen Sebastian, der von Pfeilen durchbohrt wurde. Seine Geschichte bot die Gelegenheit, einen Akt auch in sakralem Zusammenhang wiederzugeben. Sebastian wird ebenfalls häufig gezeigt, wie er mit Stricken an einen Baum gebunden ist – wie Christus an die Martersäule bei der Geißelung. Lenckhardt bediente sich offensichtlich all dieser Vorbilder, außerdem nutzte er aber noch Laokoon als Quelle der Inspiration. Die großartige antike Skulptur war 1506 in Rom gefunden worden und existierte in zahlreichen Kopien als Kleinbronze.

Damit wird eine Parallele zwischen Marsyas und den unschuldig Leidenden, den Märtyrern, Christus, aber auch Laokoon hergestellt. Marsyas wurde spätestens ab der Renaissance nicht mehr nur als der Dummkopf rezipiert, der einen Gott herausforderte und dafür eine gerechte Strafe erhielt. Marsyas repräsentierte auch den tragischen Wettkampf zwischen Sinnlichkeit und Rationalität, bei dem die Sinnlichkeit verlieren muss. Andererseits – und das verbindet Marsyas mit dem heiligen Bartholomäus – müssen beide die irdische Welt verlassen, um sich einer höheren Sphäre zugehörig fühlen zu können – der des christlichen Himmelreichs ebenso wie der des Olymp, um im Falle Marsyas die göttlichen Klänge der Lyra in ihrer vollen Ausprägung hören zu können.

Diese Inhalte waren sichtbar, weil Lenckhardt durch die Art der Darstellung den Vergleich mit den christlichen Märtyrern und Christus möglich machte.

2.4 *Adam Lenckhardt – stilistische Zuordnung der Gruppe*

Adam Lenckhardt wurde 1610 in Würzburg geboren. Nach einer Lehre beim Vater, dem Bildhauer Nikolaus Lenckhardt (gest. 1632), ging er auf Wanderschaft und hielt sich längere Zeit (1626–30 und 1632–36) in Norditalien auf. Spätestens 1638 kam er nach Wien, heiratete dort die Tochter eines kaiserlichen Kammerdieners und arbeitete sowohl für den kaiserlichen Hof als auch für den Fürsten Karl Eusebius von Liechtenstein, bei dem er seit 1642 als Kammerbildhauer angestellt war. Er starb 1661 in Wien.

So wenig über sein Leben bekannt ist, so unsicher sind bislang Informationen über sein Werk. Offensichtlich hat er hauptsächlich kleine Skulpturengruppen in Elfenbein geschaffen wie die des Marsyas. Stilistisch ist er nur ganz schwer einzuordnen, weil seine Werke nicht eindeutig einer Schule zuzuweisen sind. Er ist sowohl vom italienischen Manierismus eines Giambologna (auch Giovanni da Bologna; um 1520/30–1608) beeinflusst als auch von venezianischen Künstlern des 16. Jahrhunderts, und damit natürlich rückwärtsgewandt. Allerdings gelingt ihm so eine Synthese, die sein eigenständiges Schaffen unter Beweis stellt.

Adam Lenckhardt musste als Kammerbildhauer die Wünsche seines Auftraggebers erfüllen. Diese bewegten sich zwischen sakralen und mythologischen Motiven, weshalb er in beiden Bereichen tätig war. Zu Beginn arbeitete er noch in Relief (die meisten dieser Werke sind wohl in Italien entstanden), um dann vollplastische Figuren und Gruppen zu schaffen. Erstes Zeugnis einer wirklich hervorragend durchmodellierten Aktfigur ist ein *Neptun mit einem Delphin* von 1638 (New York, Metropolitan Museum of Art), ein spätes Werk ist die *Kreuzabnahme* von 1653 (Cleveland/Ohio, The Cleveland Museum of Art), in der die Trauer nicht nur durch die Mimik, sondern auch durch die Bewegungen der Figuren zum Ausdruck kommt.

Noch im 16. Jahrhundert wurden diese kleinen Figurengruppen vor allem in Bronze gegossen. Elfenbein, sehr viel kostbarer, bot aber die Möglichkeit, die Körper noch feiner durchzumodellieren, und so löste es die Bronze weitgehend ab. Lenckhardt und einige andere Bildhauer spezialisierten sich darauf.

2.5 *Funktion und Kontext*

Der Fürst Karl Eusebius von Liechtenstein legte eine große Kunstsammlung an. Für diese Sammlung arbeitete unter anderem auch Adam Lenckhardt, der genaue Vorgaben erhielt. Programmatisch waren so auch die drei Antiken: *Urteil des Paris* von 1642 (früher Gotha, Schlossmuseum; heute verschollen, aber durch Abbildungen bekannt), *Perseus befreit Andromeda* von 1643 (Karlsruhe, Badisches Landesmuseum) und *Apoll schindet Marsyas*. Die drei Werke kamen mit anderen zusammen in die Sammlung, wurden verwahrt, hergezeigt, waren von Beginn an Sammlungsstücke. Insofern bedeutet die heutige Aufbewahrung im Museum nur einen geringfügigen Funktionswandel. Der frühere Kontext – die Sammlung – unterscheidet sich vom heutigen allerdings dadurch, dass die drei Antiken nicht mehr gemeinsam aufbewahrt werden und unsere Figurengruppe stattdessen in die Sammlung von Elfenbeinen mit Ovidschen Themen integriert ist. Diese waren im 17. und 18. Jahrhundert sehr begehrt, und das Bayerische Nationalmuseum besitzt davon eine stattliche Sammlung, in die sich die Gruppe *Apoll schindet Marsyas* als ein frühes Beispiel hervorragend einfügt.

Literatur

Baumstark, Reinhold / Volk, Peter (Hrsg.): Apoll schindet Marsyas. Über das Schreckliche in der Kunst. Ausstellungs-Katalog. München 1995.

Bückling, Maraike / Haag, Sabine: Elfenbein. Barocke Pracht am Wiener Hof [Ausstellungskatalog Liebieghaus]. Frankfurt a. M. 2011.

3 Schloss Chambord

Die Behandlung eines Gebäudes bedarf anderer Mittel als die eines Gemäldes, einer Zeichnung, einer Plastik. Gerade große Gebäude besitzen oft eine lange Bauzeit, bedingt durch unterschiedliche Faktoren wie mangelndes Geld, Tod des Auftraggebers, kriegerische Auseinandersetzungen, aber auch Pfusch am Bau. Diese Faktoren sind ebenso wie Planänderungen häufig urkundlich belegt, manchmal erschließen sich die Änderungen aber auch nur aus der Bauanalyse, die auf die Baubeschreibung folgt. Neben der Baugeschichte und der Bauanalyse spielt auch die Funktion gerade repräsentativer Großbauten eine große Rolle. Inwieweit spiegelt sich die Funktion im Bau? Welche Bauteile sind dabei von Bedeutung?

Das gewählte Beispiel kann nicht in allen Einzelheiten analysiert werden, das würde aus dem Kapitel ein ganzes Buch machen. Die einzelnen Schritte in der Herangehensweise an ein Bauwerk können hier nur angerissen werden.

3.1 *Baugeschichte*

Je nach Quellenlage kann die Baugeschichte eines Gebäudes mehr oder weniger ausführlich geraten. Hier wurden nur die wichtigsten Daten und Fakten zusammengetragen, die einzelnen Bauleiter nicht aufgeführt, ebenso wenig wie die genaue Aufzählung, wann welche Bauteile vollendet worden sind.

1519 bewarb sich der französische König Franz I. (1494–1547; ab 1515 König) um die Kaiserwürde. Im selben Jahr ließ er mit dem Bau von Schloss Chambord (Abb. 14, 15) beginnen. Im Wald der Sologne, fünf Kilometer von der Loire entfernt, stand ein herrschaftliches Haus, das die Könige für die Jagd nutzten. Dieses Haus ließ Franz abreißen und an dessen Stelle ein großes Schloss bauen. Der entwerfende Architekt ist nicht bekannt. Man vermutet, dass das Schloss vom König selbst geplant wurde. Domenico Bernabei oder da Cortona (um 1470 – um 1549) baute zwar ein Holzmodell des Schlosses, kommt aber als entwerfender Architekt ebenso wenig in Frage wie Leonardo da Vinci (1452–1519).

Die Bauarbeiten wurden während der Regierungszeit Franz' I. lediglich zwischen Juli 1524 und September 1526 unterbrochen. Der Donjon (Wohnturm einer Burg) wurde 1534 eingedeckt. 1547, beim Tod des Königs, dürften die größten Teile der Vierflügel-Anlage vollendet gewesen sein. Heinrich II. (1519–1559; König ab 1547), Sohn und Nachfolger, ließ die Arbeiten fortführen, die wohl um 1570 im großen und ganzen abgeschlossen waren. Erst Ludwig XIV. (1638–1715; König ab 1643), der das Schloss wieder nutzte, nahm Veränderungen vor. Ihm folgten verschiedene Besitzer wie König Stanislaus von Polen (1677–1766) und Marschall Moritz von Sachsen (1696–1750). Die Forderung der Revolutionäre, während der Französischen Revo-

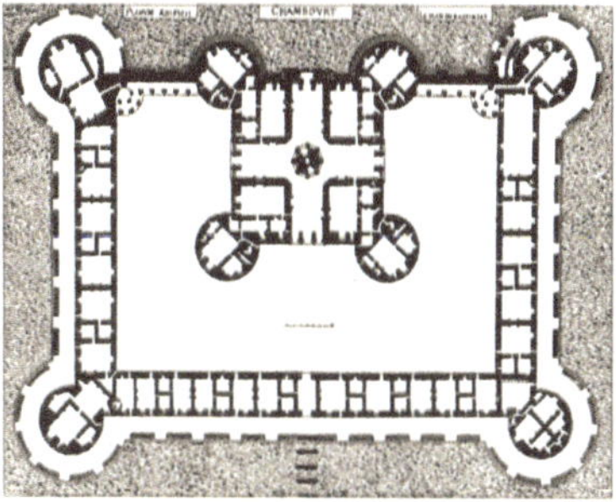

Abb. 14: Jacques I. Androuet du Cerceau, Grundriss des Schlosses Chambord, 1576, Kupferstich

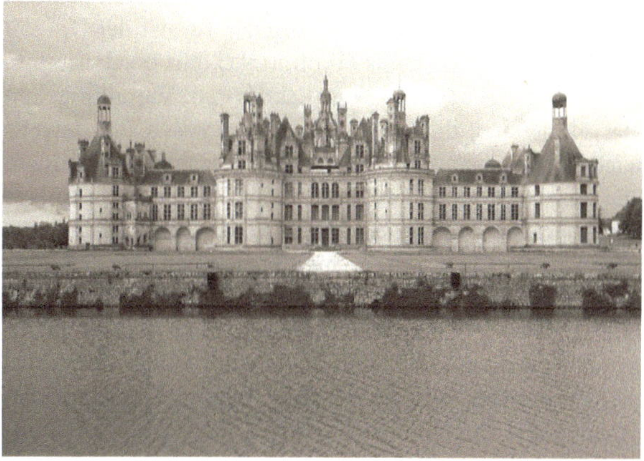

Abb. 15: Schloss Chambord, Gesamtansicht von Norden

lution ab 1789, den Bau des Schlosses abzubrechen, wurde aus Kostengründen nicht realisiert. Seit 1930 gehört das Schloss dem französischen Staat und ist öffentlich zugänglich. Der seit Franz I. mit einer 32 Kilometer langen Mauer umschlossene Wald wird auch heute noch zur Jagd genutzt, allerdings nur von höchsten Repräsentanten des Staats und seinen Gästen.

3.2 *Baubeschreibung*

Die bei der Baubeschreibung gebrauchten Fachbegriffe (termini technici) werden nicht alle erklärt und können in einschlägigen Lexika nachgeschaut werden, etwa im Bildwörterbuch der Architektur.

Schloss Chambord stellt eine Verbindung von Kompaktbau und Vier-Flügel-Anlage dar. Zentraler Teil ist der Donjon genannte Corps de Logis (Wohntrakt), ein quadratischer, dreigeschossiger Pavillon mit Ecktürmen. Von ihm gehen vier Flügel aus, die einen Hof umschließen und jeweils wieder von gewaltigen Ecktürmen beschlossen werden. Die insgesamt 156 Meter lange und 117 Meter breite Anlage beherbergt 440 Zimmer. Im heutigen Zustand sind die Flügel an der Eingangsseite niedrig gehalten, um den Blick auf den Donjon nicht zu behindern. Auch seitlich sind die Flügel bis circa zur Mitte hin niedrig, dann allerdings folgen dreigeschossige Bauten, die wie der Donjon Appartements besitzen. Von dort gelangt man zu den massiven Türmen, die durch dreigeschossige Galerien mit dem Donjon verbunden sind.

Dieser von Franz I. wohl geplante und zu seinen Lebzeiten vollendete Wohntrakt wird deshalb Donjon genannt, weil er vom mittelalterlichen Wohnturm den quadratischen Grundriss mit den vier Ecktürmen übernommen hat. Im Zentrum dieses Turms befindet sich eine doppelläufige Wendeltreppe, die, nach beiden Seiten hin durchfenstert, überraschende Ausblicke bietet. Sie reicht bis zur Dachterrasse und wird dort von einer riesigen Laterne bekrönt, in der eine einläufige Wendeltreppe weiter nach oben läuft. Von der Treppe gehen in jedem Stockwerk vier breite Gänge ab, die in vier Säle mit dazugehörigen Appartements führen. Zu diesen insgesamt 24 Appartements gesellen sich noch weitere in den Türmen und den Pavillons, die sich auf der Dachterrasse befinden, so dass insgesamt 40 Appartements allein im Donjon vorhanden sind. Türme, Pavillons und Laterne sind mit 800 Kapitellen und 365 Türmchen verziert, die ihrerseits wieder Verzierungen aufweisen, besonders das »F« und den Feuersalamander, aber auch Putten, Eroten, mythologische Szenen wie die *Taten des Herkules* und christliche Motive.

3.3 *Bauanalyse*

In einer Bauanalyse wird sowohl der Stil als auch die Ikonografie berücksichtigt, also einmal die Frage nach der Tradition gestellt, in der das Bauwerk steht und zum anderen danach, welche Funktionen durch die Baukörper oder einzelne Bauteile betont werden. Im folgenden beschränken wir uns vor allem auf den Donjon.

Aus der mittelalterlichen Burg und unter dem Einfluss der italienischen Palastbauten entwickelten sich in Frankreich zwei Schlosstypen: der Kompaktbau, der als Jagdschloss und/oder als Maison de plaisance fungierte und die sehr viel repräsentativer wirkende Mehrflügelanlage. In Chambord zeigt die Kombination aus beidem, dass das Schloss sowohl Jagdschloss war, als auch die Königswürde repräsentierte. Dem Donjon kommt dabei eine zentrale Bedeutung zu, denn einerseits ist er der kompakte Teil der Anlage, andererseits hat Franz I. hier sein politisches Programm in Szene gesetzt.

Ausgangspunkt jeder Interpretation in Chambord ist die gegenläufige Wendeltreppe. Auf ihr, dem Symbol der Königswürde, schreitet man aus der Dunkelheit (des Erdgeschosses) ins Licht (auf der Dachterrasse), den Sitz der Weisheit. Flammenstrahlen, -schalen und -kandelaber bestärken als dekorative Elemente diese Lichtmetaphorik, in der sich Weisheit und Königswürde verbinden. Von der Treppe als Zentrum des Schlosses gehen die vier Säle ab, die mit den vier Weltgegenden, den Erdteilen, gleichzusetzen sind. Franz I. wird hier als König der vier Weltgegenden gefeiert, wie ihn ein Dichter nannte. Und nun ist es nicht mehr schwer, die Spindel der Treppe als Weltachse zu begreifen und darin das Symbol für den König zu sehen, der so als Mittelpunkt der Welt dargestellt ist.

Zu dieser durchaus vom König gewollten Aussage kommen als Dekorationen die erwähnten Putten und Eroten ebenso hinzu, wie die *Taten des Herkules*. Sie verweisen auf das Maison de plaisance, das Lustschloss, in dem man sich der Jagd und dem Liebesspiel hingibt.

Erst später, unter Heinrich II., werden auch Sonnengesichter zur Dekoration angebracht – erste Hinweise auf den Sonnengott, der dann in Ludwig XIV. seine Vollendung fand. Doch die Verbindung von Licht und Weisheit bei Franz I. war ein erster Schritt in diese Richtung. »Damit dürfte Chambord das erste Schloß der französischen Renaissance sein, das durch die Form der Architektur einen ikonografischen Inhalt mitteilt und nicht nur durch applizierte Ornamente, Impresen und Devisen wie sonst üblich« (Prinz/Kecks, S. 399).

Um Schloss Chambord richtig zu würdigen, müsste natürlich die Entwicklung des französischen Schlossbaus in der Renaissance nachvollzogen werden beziehungsweise bekannt sein. Hier wird dies vorausgesetzt, da es lediglich darum geht, Methoden aufzuzeigen und nicht, Wissen über ein spezielles Bauwerk zu vermitteln.

Literatur

Binding, Günther / Koepf, Hans: Bildwörterbuch der Architektur. 4. Aufl. Stuttgart 2005.

Prinz, Wolfram / Kecks, Ronald G.: Das französische Schloß der Renaissance. Form und Bedeutung der Architektur, ihre geschichtlichen und gesellschaftlichen Grundlagen. Berlin 1985.

4 Theoretische Modelle – unterschiedliche Betrachtungsweisen

Zu den klassischen für Kunstwerke entwickelten Methoden kommen weitere Möglichkeiten der Betrachtungsweise, die häufig interdisziplinär sind, sich also mit einer anderen Wissenschaft verbinden oder auch in anderen Wissenschaftszweigen angewendet werden.

4.1 Psychologie und Psychoanalyse

Erste Versuche, Künstler und ihre Werke aus psychologischer Sicht zu interpretieren, unternahm der Psychoanalytiker Sigmund Freud anhand des Beispiels von Leonardo da Vinci. 1910 veröffentlichte er mit dem Text *Eine Kindheitserinnerung des Leonardo da Vinci* eine erste psychoanalytische Künstlerbiographie, der weitere folgen sollten, auch wenn dieser unter verschiedenen Gesichtspunkten behandelte Ansatz bis heute umstritten ist.

Andere, psychologisch geschulte Kunsthistoriker, entwickelten eine Wahrnehmungstheorie, die von der These ausgeht, dass Künstler das wiedergeben, was sie zu sehen glauben, und dass dies, je nach kulturellem Umfeld, unterschiedlich sein kann. Vorreiter war in diesem Fall Ernst Gombrich (s. S. 64), der sich dabei auf die Vorarbeiten seines Lehrers Ernst Kris stützte, eines Kunsthistorikers, der gleichzeitig als Psychoanalytiker arbeitete und dessen 1934 zusammen mit Otto Kurz (1908–1975) verfasstes Buch *Die Legende vom Künstler* erstmals Anekdoten über Künstler als Fiktion dekuvrierte. Gombrichs Ansatz wird jedoch auch kritisiert, da er den Wandel der Formen und damit des Stils nicht erklärt.

Das Verhalten des Betrachters kann ebenfalls aus psychologischer Sicht erklärt werden. Das ist aber vor allem unter kunsttherapeutischen Aspekten interessant, weniger unter kunsthistorischen.

Literatur

Freud, Sigmund: Eine Kindheitserinnerung des Leonardo da Vinci. Leipzig 1910. [Neuabdr. in: Studienausgabe. Bd. 10. Frankfurt a. M. 1989. S. 87–160.]

Gombrich, Ernst H.: Art and Illusion. A Study in the Psychology of Pictorial Representation. London 1960. [Dt.: Kunst und Illusion. Zur Psychologie der bildlichen Darstellung. Köln 1967. – 6. Ausg. Berlin 2004.]

Kris, Ernst: Psychoanalytic Explorations in Art. New York 1952. [Dt.: Die ästhetische Illusion. Phänomene der Kunst in der Sicht der Psychoanalyse. Frankfurt a. M. 1977.]

Schade, Sigrid (Hrsg.): Kunst und Psychoanalyse. Kassel 1986.

4.2 *Kunstsoziologie*

Die Soziologie entstand Ende des 19. Jahrhunderts als eigene Wissenschaft, die sich mit den gesellschaftlichen Folgen des Zusammenlebens von Menschen auseinandersetzt. Insofern beschäftigt sich die Kunstsoziologie als ein Zweig der Soziologie und der Kunstgeschichte mit dem Verhältnis von Kunst beziehungsweise Künstlern und Gesellschaft, wobei ganz unterschiedliche Ziele verfolgt werden können. Hierzu gehören die Beziehungen zwischen Künstler und Auftraggeber, aber auch die Rezeption des einzelnen Kunstwerks in der Gesellschaft, wobei je nach Schwerpunkt Wert auf politische, wirtschaftliche oder religiöse Zusammenhänge gelegt sowie die Lebens- und Arbeitsbedingungen der Künstler mit denen der Zeitgenossen verglichen werden. Eine umfassende soziologische Sicht auf die Kunst bietet dabei die 1951 erstmals veröffentlichte Abhandlung von Arnold Hauser, in der Bildende Kunst und Literatur als Teil sozialer Prozesse dargestellt werden. Einzelaspekte in Bezug auf die Stellung der Künstler oder auf Epochen werden auch immer wieder vonseiten der Kunstgeschichte behandelt.

Eine Sonderform der Kunstsoziologie ist die marxistische, die – überspitzt formuliert – das Kunstschaffen in Abhängigkeit vom Klassenkampf sieht, wobei auch hier wieder die Arbeit des Künstlers in den politischen und wirtschaftlichen Kontext der Zeit eingebunden und das Verhältnis zwischen Künstler und Auftraggeber beziehungsweise Mäzen zum Thema gemacht werden.

Literatur

Antal, Frederick: Florentine Painting and its Social Background. London 1947. [Dt.: Die Florentinische Malerei und ihr sozialer Hintergrund. Berlin 1960.]

Doren, Alfred: Das Florentiner Zunftwesen vom 14. bis zum 16. Jahrhundert. Stuttgart/Berlin 1908.

Haskell, Francis: Patrons and Painters. A Study in the Relations Between Italian Art and Society in the Age of the Baroque. London 1963. [Dt.: Maler und Auftraggeber. Kunst und Gesellschaft im italienischen Barock. Köln 1996.]

Hauser, Arnold: Sozialgeschichte der Kunst und Literatur. 2 Bde. München 1953. [Engl. Übers. 1951.]

Marx, Karl / Engels, Friedrich. Über Kunst und Literatur (Eine Sammlung aus ihren Schriften). 2 Bde. Berlin 1967/68.

Müller, Michael [u. a.]: Autonomie der Kunst. Zur Genese und Kritik einer bürgerlichen Kategorie. Frankfurt a. M. 1972.

Warnke, Martin: Hofkünstler. Zur Vorgeschichte des modernen Künstlers. Köln 1985.

Kunstgeschichte war zwar bereits in den 1960er Jahren ein von Frauen dominiertes Studienfach. Dennoch wurden sehr viel mehr Männer als Frauen promoviert. Sie bekamen dann auch die exponierten Positionen. Es dauerte lange, bis auch Frauen die Chance bekamen, Professorinnen, Museums-Direktorinnen oder Referatsleiterinnen in der Denkmalpflege zu werden. Doch bereits im Zuge der allgemeinen Emanzipationsbestrebungen begannen auch Kunsthistorikerinnen, eine Kunstgeschichte zu fordern, die einen weiblichen Blick auf Kunst und Künstler/innen zuließ. Die Existenz von Künstlerinnen sowohl im Mittelalter als auch in der Neuzeit war bis dahin fast vollkommen negiert worden. Nun machten sich Frauen daran, Künstlerinnen wie Artemisia Gentileschi (1593 – nach 1654), Sofonisba Anguissola (um 1535/40–1625), Judith Leyster (1609–1660) ebenso zu entdecken wie Camille Claudel (1864–1943), Gabriele Münter (1877–1962) und Marianne von Werefkin (1860–1938). Hinzu kam die Erkenntnis, dass die Interpretation von Kunstwerken immer aus Sicht des »männlichen Blicks« geschah, der bis dahin von Wissenschaftlerinnen fraglos übernommen worden war. Gleichzeitig behaupteten sich Künstlerinnen gegen das Diktat der Künstler als ebenso kreativ, eine Tatsache, die auf dem Kunsthistorikertag in München 1976 noch negiert worden war.

Die erste Kunsthistorikerinnentagung in West-Deutschland 1982 stand unter dem Motto »Zur Korrektur des herrschenden Blicks«. Das war ein erster Schritt hin zu dem Versuch, dem Blick auf die Kunst eine weibliche Perspektive hinzuzufügen. Dieser Perspektivwechsel im Umgang mit bestimmten Aspekten der Kunst, ihrer Betrachtung, Bewertung und Analyse befindet sich in einem ständigen Veränderungsprozess, zumal unterschiedliche Sichtweisen zu immer neuen Diskussionen führen. Allerdings ist heute nicht mehr der Begriff Feminismus in Gebrauch, sondern die aus dem englischen Sprachraum stammende Bezeichnung Gender. Sie versteht das Geschlecht soziokulturell, also nicht bezogen auf das biologische Geschlecht (*sex*), sondern auf soziale Merkmale wie Kleidung, Habitus und Beruf, aus denen sich Hierarchien und Normen ableiten. Die Merkmale unter dem Oberbegriff Gender werden mit der Zeit immer breiter gefächert und schließen auch antirassistische Studien mit ein. Obwohl inzwischen mehr und mehr akzeptiert und etabliert als noch vor zehn bis zwanzig Jahren, befinden sich die Gender-Studies nach wie vor im Aufbau. Durch die nach wie vor bestehenden Diskussionen innerhalb des Modells, das den Blick um die genannten Merkmale erweitern möchte, finden sich auch immer wieder neue oder modifizierte Ansätze, die immer häufiger Eingang in Forschung und Lehre finden.

Literatur

Bischoff, Cordula [u.a.]: FrauenKunstGeschichte. Zur Korrektur des herrschenden Blicks. Gießen 1984.

Fend, Mechthild / Koos, Marianne (Hrsg.): Männlichkeit im Blick. Visuelle Inszenierungen in der Kunst seit der frühen Neuzeit. Köln [u.a.] 2004.

Hassler, Katrin: Kunst und Gender. Zur Bedeutung von Geschlecht für die Einnahme von Spitzenpositionen im Kunstfeld. Bielefeld 2017.

Nabakowski, Gislind [u. a.] (Hrsg.): Frauen in der Kunst. 2 Bde. Frankfurt a. M. 1980.
Pollock, Griselda: Differencing the Canon. Feminist Desire and the Writing of Art's Histories. London u. a. 1999.
Zimmermann, Anja (Hrsg.): Kunstgeschichte und Gender. Eine Einführung. Berlin 2006.

4.4 Bildwissenschaften

Die Bildwissenschaften beschäftigen sich im Gegensatz zur traditionellen Kunstgeschichte mit allen Bildern, also auch nicht-künstlerischen wie wissenschaftlichen, technischen, trivialen, aus anderen Medien (Film, Fernsehen, Computer) stammenden Bildern. Dieser Ansatz geht innerhalb der Kunstgeschichte auf Aby Warburg (s. S. 48) zurück, fand aber in der Folgezeit immer weniger Beachtung, bis durch den als Iconic Turn bezeichneten Wechsel in der wissenschaftlichen Denkweise (Paradigmenwechsel) dem Bild an sich wieder mehr Bedeutung zugesprochen wurde. Dabei stellt sich nun die Frage, ob die Kunstgeschichte die Bildwissenschaft integriert oder aber Bildwissenschaft als ein interdisziplinäres Phänomen begreift, das Kunsthistoriker nur gemeinsam mit Vertretern anderer Disziplinen behandeln können, also gemeinsam mit der Hirnforschung, aber auch der Anthropologie beziehungsweise Ethnologie, Kulturwissenschaft und anderen mehr. In einigen Instituten ist Bildwissenschaft inzwischen ein Teil der Kunstgeschichte, wurde also integriert, an anderen wie der Universität im österreichischen Krems gibt es einen eigenen Lehrstuhl für Bildwissenschaften.

Literatur

Boehm, Gottfried: Was ist ein Bild? München 1994.
– (Hrsg.): Zeigen. Die Rhetorik des Sichtbaren. München 2010.
Bredekamp, Horst [u. a.] (Hrsg.): Bildwelten des Wissens. Kunsthistorisches Jahrbuch für Bildkritik. Berlin 2003 ff.
Grau, Oliver: Imagery in the 21st Century. Cambridge 2011. [Seit 2013 auch als E-Book.]
Maar, Christa / Burda, Hubert (Hrsg.): Iconic Turn. Die neue Macht der Bilder. Köln 2004.
Sachs-Hombach, Klaus: Bildtheorien. Frankfurt a. M. 2008. – Darin v. a.: Mitchell, William J. Thomas: Vier Grundbegriffe der Bildwissenschaft. S. 319–327.
– Das Bild als kommunikatives Medium. Elemente einer allgemeinen Bildwissenschaft. 4., überarb. und erg. Aufl. Köln 2021.
– Bildwissenschaft. Disziplinen, Themen, Methoden. 4. Aufl. Berlin 2021.

IV Einteilung der Kunstwerke

Die Kunstgeschichte umfasst ein solch großes Gebiet, dass es unumgänglich ist, sich zu spezialisieren, nachdem man sich im Grundstudium einen gewissen Überblick verschafft hat. Diesen sollte man unbedingt noch weiter ausbauen, denn man braucht ihn auch, um Werke in einen Gesamtzusammenhang einordnen zu können.

Eine erste Eingrenzung findet meist nach Gattungen statt. Interessiert man sich mehr für Architektur, Skulptur oder Malerei, fühlt man sich eher bei den grafischen Künsten zu Hause, begeistert einen die angewandte Kunst oder will man sich auf moderne Formen der Kunst, auf Fotografie, Film, Video, Performance oder ähnliches einlassen? Letztere bedeuten eine Limitierung auf die Zeit ab dem 19. Jahrhundert beziehungsweise die Konzentration auf das 20. und 21. Jahrhundert. Diese Eingrenzung nach Epochen – oder vielleicht besser Jahrhunderten – folgt bei den anderen, den klassischen Gattungen, als zweiter Schritt.

Die Epocheneinteilung beginnt in der Kunstgeschichte mit dem frühen Mittelalter und endet in der Jetztzeit. Man kann also nach der Einschränkung beispielsweise auf die Architektur noch als Epoche die Gotik hinzufügen oder bei der Malerei die Renaissance. Diese immer noch relativ großen Gebiete werden noch einmal durch landesspezifische Entscheidungen eingegrenzt. Um bei unseren Beispielen zu bleiben, kommt zur Spezialisierung auf die Architektur der Gotik noch Frankreich und da vor allem die Île de France hinzu, bei der Malerei der Renaissance Italien und hier speziell Florenz.

1 Einteilung der Kunstwerke nach Gattungen

1.1 Architektur

Das Wort Architektur leitet sich von »Architekt« ab, einem Wort griechischen Ursprungs (*architekton*), das mit ›Oberzimmermann‹ oder ›Baumeister‹ übersetzt werden kann. Die Architektur bezeichnet demnach die Baukunst. Allerdings ist in der Fachwelt strittig, ob bereits die ersten Schutzhütten als Architektur zu bezeichnen sind oder nur die künstlerisch gestalteten Bauten. Dabei sind aber natürlich die Übergänge fließend, und es ist wiederum Definitionssache, was mit »künstlerisch gestaltet« gemeint ist.

Die einzelnen Bauten unterscheiden sich einmal durch ihre Funktion. An erster Stelle wird meist der Sakralbau genannt, also das Gotteshaus. Natürlich gehören zu den Sakralbauten auch Tempel, Synagogen und Moscheen, doch beschränkt sich die Kunstgeschichte mit ihrer Eingrenzung auf Europa hauptsächlich auf den Kirchenbau. Bei diesem gibt es noch Differenzierungen nach der Form (Basilika, Zentralbau, Hallenkirche) und nach der Funktion (Pfarrkirche, Wallfahrtskirche, Memorialkirche, Taufkirche, Klosterkirche). Zur Klosterkirche kommt häufig eine Klosteranlage, die je nach Orden unterschiedlich angelegt sein kann. Ein Memorial- oder Grabbau muss nicht zwingend eine Kirche sein, wird aber fast immer zu den Sakralbauten gerechnet. Zur Bischofskirche gehört meistens noch der Bischofssitz oder Bischofspalast, der sich allerdings häufig nur geringfügig von einem profanen Palast oder Schloss unterscheidet, gerade wenn es sich um einen Fürstbischofssitz handelt.

In der profanen Architektur wird ein sehr viel größeres Spektrum abgedeckt. Die Herrschaftsarchitektur unterteilt sich in Burgen, Schlösser und Adelspaläste. Sie können auch als Repräsentationsbauten bezeichnet werden. Zu diesen werden aber ebenfalls öffentliche Gebäude wie Rathäuser, Gerichte, Zunft- oder Krankenhäuser gezählt. Unter Privatbauten versteht man Villen, Häuser und Siedlungen. Zu ergänzen sind noch Nutzbauten wie Brücken und Aquaedukte (auch Verkehrsbauten), Zeughäuser oder Arsenale, Markthallen und seit dem 19. Jahrhundert Bahnhöfe und Fabriken.

Die Architekturhistoriker haben sich lange vor allem auf Sakralbau und Herrschaftsarchitektur konzentriert. Kirchen, Schlösser und Paläste haben sich häufig am besten erhalten, schon deshalb, weil sie aus haltbaren Materialien errichtet wurden. Außerdem wurden sie von den hervorragenden Baumeistern ihrer Zeit realisiert. So können an diesen Großprojekten stilistische Merkmale der Zeit, aber auch Neuerungen und Umbrüche am besten erforscht werden. Die Errichtung monumentaler Kirchenbauten, bis heute häufig Wahrzeichen unserer Städte, zog sich manchmal über einen großen Zeitraum hin. Planänderungen, die mit der Einführung von Innovationen verbunden waren, können hier häufig detailliert nachgewiesen werden, zumal wenn zu dem bloßen Augenschein noch schriftliche Zeugnisse oder Baupläne erhalten sind wie der Fassadenriss des Kölner Doms (Abb. 16).

Kirchen wurden selten zerstört. Natürlich galten einige nicht mehr als zeitgemäß oder wurden zu klein. Andere fielen einem Brand oder anderen Katastrophen zum Opfer. Dann erfolgte ein Neubau. Bei der Herrschaftsarchitektur

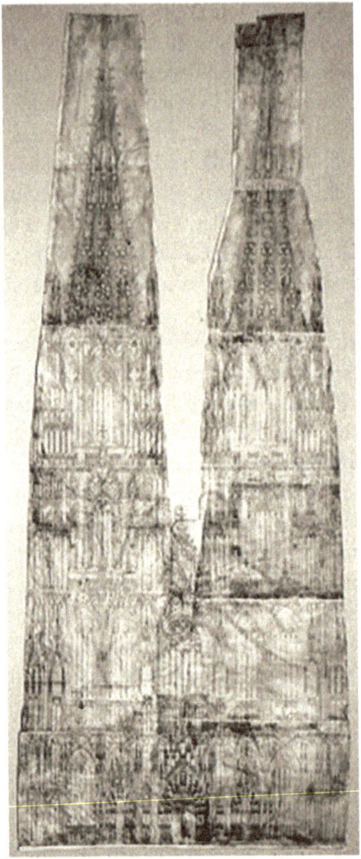

Abb. 16: Köln, Dom St. Petrus und Maria, Fassadenriss F, um 1285 (?), Tinte auf Pergament über Blindrillen

ist das schon anders. Burgen wurden vom Eroberer geschleift, andere aufgegeben, weil sie zu unbequem wurden. Sie verfielen, auch weil der Platz, an dem sie standen, nicht mehr zeitgemäß war.

Schlösser und Paläste sind eher erhalten geblieben, ihre äußere Gestalt entspricht häufig noch dem ursprünglichen Aussehen. Innen wurde jedoch im Laufe der Zeit meist umgebaut und umgestaltet. Oft entsprachen die Räumlichkeiten nicht mehr dem modernen Wohnkomfort. Eine weitere Ursache waren die durch Fackeln ausgelösten Brände, von denen die meisten bei Theateraufführungen entfacht wurden. Doch auch bei dieser Herrschaftsarchitektur gibt es noch einen relativ großen Befund ebenso wie bei den Rathäusern und anderen öffentlichen Gebäuden.

Lange Zeit wurde dem Wohnungsbau von der Kunstgeschichte nur wenig Interesse entgegengebracht. Das hat sich inzwischen zwar geändert, es ist jedoch schwieriger, erhaltene Häuser zu finden. Das liegt schon am Material, denn man baute viel seltener Steinhäuser als solche aus Holz oder Lehm. Gerade Fachwerkhäuser bedürfen einer guten Pflege. Häufig brannten sie ab. Hinzu kamen hier noch viel stärker als im Schloss- und Palastbau Modernisierungen sowie stadtplanerische Maßnahmen, denen ganze Stadtviertel zum Opfer fielen, bevor sie neu wiederaufgebaut wurden. Das ist kein Problem der Moderne, sondern wurde auch schon im Mittelalter praktiziert, wenn etwa Platz für eine neue Kirche geschaffen werden musste.

Von vielen Wohnhäusern haben sich lediglich die Fundamente erhalten. Doch auch sie geben Aufschluss über die Art des Wohnens in verschiedenen Zeiten. Andere Wohnhäuser haben die Zeiten überdauert, wurden aber immer wieder modernisiert, sind also nur noch im Kern erhalten. Ähnlich verhält es sich mit den Nutz- und Verkehrsbauten.

Ein anderer Aspekt, unter dem Architektur analysiert wird, ist die Bauweise. Wir unterscheiden zwischen Kompaktbauten und Skelettbauten. Der Unterschied kann an romanischen und gotischen Kirchen festgemacht werden. Während in der Romanik die Kirchen mit massiven Wänden gemauert wurden, auf denen dann schwere Gewölbe lasteten, beschränkte man sich in der Gotik auf ein Skelett aus tragenden Stützen. Wände und Fenster waren lediglich Füllmaterial. So konnte man sehr viel höher bauen und durch große Fenster Licht in den Raum lassen. Äußere Strebebögen dienten dazu, den Schub abzufangen. Die Skelettbauweise wurde mit dem Fachwerkhaus in Holz übertragen. Zur Analyse eines Baus gehört also auch das Material, aus dem er besteht: Stein, Holz, Lehm, Backstein – oder in neuerer Zeit Beton, Stahl und Glas.

Literatur

Binding, Günther / Koepf, Hans: Bildwörterbuch der Architektur. 5., durchges. und erg. Aufl. Stuttgart 2016. [Mit englischem, französischem, italienischem und spanischem Fachglossar.]

Enckell Julliard, Julie [u. a.] (Hrsg.): Kleines Handbuch der Zeichnungskunst. Zürich 2016.

Freigang, Christian (Hrsg.): Wörterbuch der Architektur. Stuttgart 2010.

Pevsner, Nikolaus: Europäische Architektur von den Anfängen bis zur Gegenwart. Mit einem Beitrag zur Architektur seit 1960 von Winfried Nerdinger. München 2008. [Erste dt. Ausg.: 1957.]

– Lexikon der Weltarchitektur. München 1992. [Digitale Ausg. 2007.]

Seidl, Ernst (Hrsg.): Lexikon der Bautypen. Funktionen und Formen der Architektur. Akt. und bibliograph. erg. Ausg. Stuttgart 2021.
Wetzel, Christoph: Seemanns großes Lexikon der Weltarchitektur. Leipzig 2010.

1.2 Bildhauerkunst

Das dreidimensionale Bild, die Figur, kann aus dem Stein gehauen werden. Von daher rührt auch der Begriff des Bildhauers, die Berufsbezeichnung des Künstlers, der dreidimensionale Werke schafft. Allerdings müssen diese nicht immer durch Hauen, Schlagen, Schnitzen, also Wegnehmen entstehen, sondern können auch in Ton, Wachs oder einem anderen Material geformt, modelliert werden. Deshalb unterscheidet man auch in der Bildhauerkunst zwischen Skulptur (lateinisch *sculpere* ›schnitzen, meißeln‹) und Plastik (griechisch *plássein* ›aus weicher Masse bilden, formen, gestalten‹), also der Kunst des Wegnehmens und der des Hinzufügens. Viele der modellierten Werke werden in Metall gegossen und dann geschliffen, poliert, ziseliert oder auf eine andere Weise bearbeitet. Sie werden zwar meist zur Plastik gerechnet, sind aber eigentlich beides, denn nach der Modellierung findet eben auch eine Bearbeitung statt, die an skulpturales Arbeiten erinnert.

Ein Werk der Bildhauerei kann also aus Stein, Holz, Metall, Ton, Elfenbein, Gips sein, wobei man innerhalb eines Materials noch differenzieren muss: Es spielt eine große Rolle sowohl für die Bearbeitung als auch für die Wirkung, ob es sich um einen weichen Stein (z. B. Sandstein) oder einen harten (Marmor, Granit) handelt, wobei es innerhalb einer Sorte auch große Unterschiede gibt. Viele Künstler fuhren selbst in die Steinbrüche und suchten dort nach geeigneten Steinblöcken für bestimmte Aufgaben. Dasselbe lässt sich natürlich auch von den Holzsorten sagen. Auch hier gibt es weichere und härtere Hölzer, aber auch bei einem Holz wie dem von der Eiche oder dem Nussbaum gibt es Qualitätsunterschiede. Das für kleinere und kostbare Werke verwendete Elfenbein muss nicht unbedingt vom Elefanten stammen, sondern kann auch vom Walross, vom Nashorn oder ähnlichen Tieren herrühren. Bei den Metallen gibt es nicht nur verschiedene Arten wie Bronze oder Messing, sondern auch unterschiedliche Legierungen. Je nach Mischungsverhältnis von Kupfer und Zinn bei Bronze und von Kupfer und Zink bei Messing verändern sich die Eigenschaften des Metalls. Natürlich gibt es noch andere Metalle wie das reine Kupfer und die edlen Metalle wie Gold und Silber, die häufig nicht gegossen werden, sondern getrieben (Treibarbeiten). Eisen und Stahl werden erst seit dem 20. Jahrhundert für bildhauerische Arbeiten verwendet, ebenso wie andere Materialien, beispielsweise Kunststoff, Filz und Fett, aber auch Textilien, Fundstücke aller Art, Schokolade oder gefrorenes Blut. Die Begriffe Skulptur und Plastik werden heute oft synonym gebraucht und außerdem um die Bezeichnungen Objekt oder Installation erweitert.

Das Material ist eines der wichtigen Unterscheidungskriterien. Die Werke der Bildhauerkunst lassen sich aber auch nach formalen Gesichtspunkten ordnen. Die freistehenden, ganzfigurigen Werke werden von Büsten, aber auch Torsi ergänzt. Beim Relief (italienisch *rilievo* ›Erhöhung, Erhebung‹) sind die Darstellungen mit dem Hintergrund verbunden. Je nachdem, ob einzelne Teile vollplastisch herausgearbeitet sind, sich deutlich vom Untergrund abheben oder fast flächig erscheinen und dann wie ein Bild wirken, wird zwischen Hochrelief, Halbrelief und Flachrelief unterschieden.

Als weiteres Kriterium muss der Kontext, in dem sich die Werke befinden, benannt werden: zum Beispiel im Außen- oder Innenraum; als freie Figur oder architekturbezogen, also an Portalen, in Nischen, als Gewändefiguren, als Wasserspeier oder als Tragefiguren (Atlanten, Karyatiden, Hermen); im Kirchenschatz oder in einer fürstlichen Sammlung.

Wichtig ist natürlich noch die Funktion der Werke: im sakralen Zusammenhang spielen Kult- und Andachtsfiguren eine große Rolle, häufig in Verbindung mit einem Altar. Im profanen Bereich ist das Denkmal an erster Stelle zu nennen, das den Herrscher, berühmte Persönlichkeiten, Ereignisse oder mythologische Figuren darstellt (Abb. 17). Häufig werden Standfiguren oder Reiterstandbilder mit Reliefs kombiniert, die bestimmte Ereignisse wiedergeben, sei es bei Denkmälern oder im sakralen Raum an Taufbecken, Kanzeln, als Schnitzaltäre oder ähnlichem. Eine besondere Stellung nehmen die Grabdenkmäler ein, sind sie doch im sakralen Raum (einer Kirche, einem Mausoleum, einem Friedhof) angesiedelt, stellen aber häufig mit den Toten keine heiligen, sondern weltliche Personen dar. Kleinplastiken oder -skulpturen wurden häufig für Sammlungen hergestellt, meist sogar in Auftrag gegeben.

Die Bildhauerkunst wurde früher höher geschätzt als das gemalte Bild. Ausschlaggebend dafür war einerseits die größere Nähe zur Realität und die bessere Haltbarkeit der Materialien, vor allem aber der Vergleich mit Gott, der den

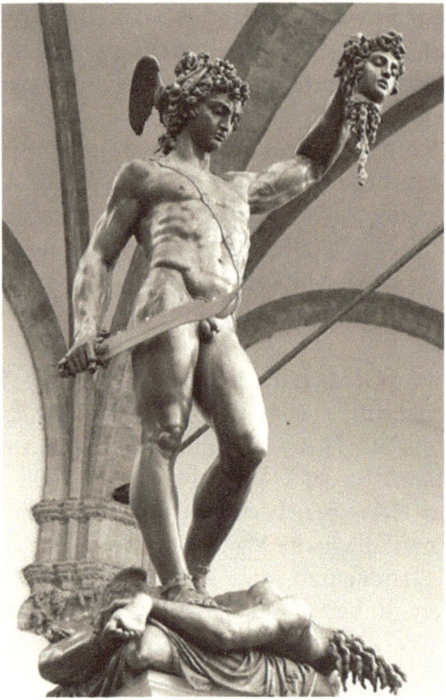

Abb. 17: Benvenuto Cellini, *Perseus*, 1554, Bronze

Menschen »aus einem Erdenkloß« (1. Moses 2,7) geformt und sich damit als Bildhauer betätigt hatte, wie später der römische Bildhauer Gianlorenzo Bernini (1598–1680) bemerkte. Und auch noch Johann Wolfgang Goethe stellte in seinem Aufsatz *Über Laokoon* von 1798 die Bildhauerei über die Malerei. Dieses Urteil änderte sich jedoch im Laufe des 19. Jahrhunderts und heute können wir beobachten, dass Skulpturen-Museen oder -Sammlungen weit weniger Besucher anziehen als Museen, in denen sich vor allem Gemälde befinden.

Die Kostbarkeit des Materials brachte es andererseits aber auch mit sich, dass Skulpturen – vor allem Bronze war betroffen – häufig eingeschmolzen wurden. In Kriegszeiten wurden daraus Waffen beziehungsweise Kanonenkugeln gegossen. Das ist auch der Grund, warum sich so wenige antike Statuen aus Bronze erhalten haben. Das Metall der in nachantiker Zeit als missliebig angesehenen Statuen heidnischer Götter konnte man gut verwenden.

Literatur

Dürre, Stefan: Lexikon der Skulptur. Bildhauer, Epochen, Themen, Techniken. Leipzig 2007.

Wolf, Norbert: Meisterwerke der Skulptur. Stuttgart 2007.

1.3 Malerei (Wandmalerei, Buchmalerei, Staffeleibild)

Das Wort malen ist auf den germanischen Sprachgebrauch beschränkt und bedeutete ursprünglich ›mit Zeichen versehen‹. Daraus entwickelte sich dann allmählich der Begriff der Malerei für eine aus Farben und Linien bestehende flächige Darstellung von Gegenständen. Erste Bilder sind in urzeitlichen Höhlen erhalten geblieben. Die Menschen malten bereits vor etwa 35 000 Jahren, vor allem Tiere, aber auch Mischwesen aus Mensch und Tier an die Wände der Höhlen, in denen sie sich aufhielten. Auch sehr viel später, im alten Ägypten, haben sich vor allem Wandmalereien erhalten. In Griechenland kam dann die Vasenmalerei hinzu.

Bei der Malerei sind zwei Komponenten von entscheidender Bedeutung: die Farbe und der Bildträger. Die Farbe wird aus Pigmenten hergestellt, die aus Erden, Mineralien, Steinen, Pflanzen, Tiersekreten gewonnen werden können. Das Pigment wird mit einem Bindemittel (Ei, Öl, Harz, Leim) vermischt, um es auf den Bildträger auftragen zu können. Wenn dünnflüssige Farben erforderlich sind, wird noch ein Lösemittel (Wasser, Terpentin) hinzugefügt. Heute werden zumeist künstlich hergestellte Farben verwendet und Pigmente in pulverisierter Form im Fachhandel angeboten.

Der Bildträger kann eine Wand, Holz, Leinwand, Pergament, Papier sein; außerdem kennen wir die Vasenmalerei im antiken Griechenland und die Glasmalerei vor allem im europäischen Mittelalter.

Bei der Wandmalerei werden vor allem zwei Techniken unterschieden: *al fresco* und *al secco*. Beim Fresko wird die Farbe auf den noch feuchten, den frischen (italienisch *fresco*) Putz aufgetragen, wodurch sich die Farbe und die oberste Putzschicht miteinander verbinden. Ihre Haltbarkeit hat allerdings auch einen Preis. Der Maler muss genau abschätzen können, wie viel Fläche er an einem Tag bemalen kann. Und so kann man ein Fresko auch in Tagwerke einteilen. Diese Tagwerke können mit Hilfsmitteln nachvollzogen werden, so dass man heute weiß, wie viele Tagwerke für ein Fresko vonnöten waren. Beispielsweise benötigte Giotto (um 1270–1337) für ein Fresko in der Oberkirche von Assisi neunundzwanzig Tagwerke (Abb. 18). Bei der Secco-Technik wird die Farbe auf den bereits abgebundenen, trockenen (italienisch *secco*) Putz aufgebracht und kann dann natürlich auch leichter abblättern. Das berühm-

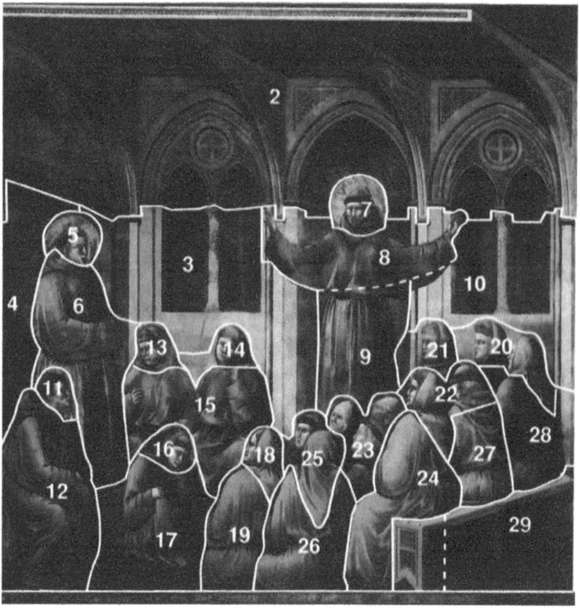

Abb. 18: Giotto, *Die Erscheinung in Arles*, um 1300, Fresko mit Einzeichnung der Tagwerke. Assisi, Oberkirche

teste Beispiel hierfür ist wohl das *Abendmahl* von Leonardo da Vinci (1452–1519) in Mailand, das schon kurz nach seiner Vollendung erste Schäden aufwies und häufig restauriert werden musste, weil sich die Farben von der Wand lösten.

Die Freskomalerei war bereits in der Antike gebräuchlich. Damals entwickelte man auch die Enkaustik, eine

Wachsmalerei, mit der Mumienporträts auf Holz gemalt wurden. Die Mumienporträts waren Vorbild für die byzantinischen Ikonen, die wiederum Voraussetzung für das in Westeuropa später übliche Altarbild waren. Die Leinwand fand im 15. Jahrhundert als Bildträger Verwendung und wurde dann lange parallel zum Holz genutzt. Erst seit dem 19. Jahrhundert wird der Leinwand gegenüber dem Holz der Vorzug gegeben. Kleine Tafeln wurden manchmal auch auf Kupfer, andere Metalle, Elfenbein oder Porzellan gemalt.

Zum gemalten Wand- oder Tafelbild wird auch das Mosaik (abgeleitet von dem mittellateinischen *opus musaicum* ›den Musen gewidmetes Werk‹) gezählt, obwohl es eine völlig andere Technik ist. Doch wurde es vor allem seit frühchristlicher Zeit parallel zur Wandmalerei verwendet. Das Mosaik ist eine alte Technik, die auch schon aus vorrömischer Zeit bekannt war. In römischer Zeit war es dann als Verzierung des Fußbodens weit verbreitet. Die aus Marmor zurechtgeschnittenen Steinchen (*tesserae*) wurden zu Mustern und Figuren gelegt. Die größeren, würfelförmigen Steine, das *opus tesselatum*, wurden mit der Zeit von kleineren abgelöst, die für eine bessere Bildgestaltung verschiedene Formen besitzen konnten. Von diesen »Würmchen« (*opus vermiculatum*) konnten bis zu 30 auf einen Quadratzentimeter gelegt werden.

Zu diesen Marmorsteinchen kamen andere Materialien hinzu, in frühchristlicher Zeit verwendete man dann vor allem Glassteinchen in verschiedenen Farben, die nicht mehr den Fußboden, sondern die Wände, vor allem die Gewölbezonen bedeckten. Eine weitere Neuerung waren die Goldtesserae, bei denen das Blattgold in das Glas eingeschmolzen wurde und die als Hintergrund für Heiligenfiguren dienten. Glas, kombiniert mit Naturstein, führte zu einer besseren Farbnuancierung besonders bei der Modellierung von Gesichtern. Das Mosaik fand in Byzanz in sakralen Räumen weite Verbreitung und wurde von dort vor allem auch nach Italien exportiert. Doch spätestens im 14. Jahrhundert behauptete sich dort die Wandmalerei, die Mosaik-Technik wurde nur noch ausnahmsweise verwendet.

Als eine Art Mosaik wird aber auch die frühe Glasmalerei bezeichnet (musivische Glasmalerei), bei der ein Bild aus verschiedenfarbigen Glasstücken gefügt wird, die durch Bleiruten zusammengehalten werden. Mit Hilfe von Schwarzlot konnten differenzierte Zeichnungen, etwa modellierte Gesichter, ergänzt werden. Später kamen weitere Farben hinzu, die Technik änderte sich und verlor den mosaikartigen Charakter. Auch wenn es schon im 9. Jahrhundert erste Glasfenster gegeben hat, wurde die Glasmalerei besonders in der Zeit der Gotik entwickelt, als die Wände der großen Kirchenbauten fast vollständig durch Fenster ersetzt wurden. Ebenso wie das Mosaik geriet auch diese Technik später in Vergessenheit und wurde erst im 19. Jahrhundert wieder aufgegriffen.

Die Buchmalerei entstand gleichzeitig mit dem gebundenen Buch, auch wenn es vorher schon ab und zu Illustrationen in den aus Papyrusblättern bestehenden Buchrollen (Volumen) gegeben hatte. Erst im 2. Jahrhundert v. Chr. schrieb man auch auf Pergament, das aus Tierhäuten von Schafen, Ziegen und Kälbern hergestellt wurde und dessen Name sich von der antiken Stadt Pergamon herleitet, wo dieses neue Beschreibmaterial angeblich erstmals Verwendung fand. Kurz nach der Zeitenwende wurde das Pergament dann in viereckige Stücke geschnitten, gebunden und als Schutz mit zwei hölzernen Deckeln versehen. Der Name Codex (lateinisch, ›Baumstamm‹) leitet sich sowohl von diesen Deckeln als auch von den davor gebräuchlichen, mit Wachs überzogenen hölzernen Schreibtafeln ab. Der Name Buch hingegen stammt von Buche und damit von einer Holzart.

In diesen gebundenen Büchern ließen sich nun sehr viel einfacher Texte mit Bildern kombinieren, da die Bilder den Text nicht unterbrachen wie bei der Buchrolle, sondern zum Beispiel auf zwei Seiten einander gegenübergestellt werden konnten.

Gemalt wurde mit verschiedenen Farben. In Prachthandschriften nahm man als Hintergrund für die Bilder häufig Blattgold oder färbte das Pergament mit Purpur ein, dem teuersten Farbstoff überhaupt, gewonnen aus einem Sekret der Purpurschnecke. Die am häufigsten verwendete Farbe war jedoch das sogenannte Minium (Menning), mit dem Randleisten gezogen, Initialen, Überschriften und anderes hervorgehoben wurden. Ausführender war der Scriptor oder Miniator, der auch die Miniaturen malte. Das Wort Miniatur kommt also nicht von klein, sondern von der Farbe Minium. Anders verhält es sich mit der Malerei im kleinen Format, der Miniaturmalerei, die tatsächlich von dem lateinischen *minor* ›kleiner‹ abgeleitet ist.

Die Buchmalerei verbreitete sich im gesamten christlichen Raum, denn das Buch spielte für die Liturgie sowohl der West- als auch der Ostkirche eine große Rolle. Erst mit dem aus dem arabischen Raum eingeführten Papier und der dafür entwickelten Druckkunst (s. S. 129 ff.) erhielt die

Buchmalerei eine so viel preiswerter und einfacher herzustellende Alternative als Konkurrenz, dass sie nicht mehr lange Bestand hatte.

Die Buchmaler benutzten neben dem Minium und den Deckfarben auch Aquarellfarben (lateinisch *aqua* ›Wasser‹), also lasierende Wasserfarben, die bereits in den Höhlenmalereien zur Anwendung gekommen waren. Das Aquarell als eigenständige Art der Malerei etablierte sich allerdings erst um 1500 mit den Landschaftsaquarellen von Albrecht Dürer (1471–1528) und wurde noch später, im 18. Jahrhundert, populär. Bildträger ist beim Aquarell meist das Papier.

Zu der Unterscheidung nach Techniken oder auch Medien kommen natürlich noch andere hinzu. So differenziert die Kunstgeschichte verschiedene Bildgattungen, das heißt, die Gattung Bild wird noch einmal unterteilt in inhaltlich zu bestimmende Gattungen oder Typen:

- Das Historienbild ist eine Darstellung, die eine biblische oder mythologische Geschichte wiedergibt, eine historische oder aktuelle Begebenheit erzählt oder auf einen literarischen Stoff zurückgreift.
- Das Porträt stellt eine Persönlichkeit dar, ganzfigurig, als Halbfigur oder lediglich als Büste. Unterschieden wird außerdem zwischen Einzelporträt, Doppelporträt und Gruppenporträt sowie zwischen öffentlichem und privatem Porträt.
- Das Landschaftsbild stellt – wie der Name schon sagt – eine Landschaft dar. Es kann sich dabei um eine ideale sowie eine reale Landschaft handeln, sie kann vollkommen unbevölkert sein oder Figuren mit darstellen, die dann als Staffage, als Beiwerk, bezeichnet werden, weil

sie lediglich zur Belebung der Szene beitragen, ohne dem Bild einen anderen Inhalt zu geben.

- Das Stillleben, im Italienischen und Französischen als tote Natur (*natura morta, nature morte*) bezeichnet, bildet Gegenstände ab, Früchte, tote Tiere, Blumen, Musikinstrumente, bei den sogenannten Vanitas-Stillleben häufig verbunden mit einem Totenkopf als Zeichen der Vergänglichkeit des Menschen.
- Das Interieur zeigt das Innere eines Zimmers. Die dort anwesenden Personen sind stärker als beim Landschaftsbild eingebunden. Erst im 19. Jahrhundert werden auch Interieurs dargestellt, die ohne menschliche Figur auskommen.
- Das Genrebild widmet sich Szenen aus dem täglichen Leben, meist eines bestimmten Standes. So unterscheidet man zwischen dem bäuerlichen, dem bürgerlichen und dem höfischen Genrebild.

Die Bilder stehen natürlich auch in einem funktionalen Kontext, der sich durch den Auftrag oder den Zusammenhang, in dem sich das Bild befindet, bestimmen lässt. Dieser funktionale Kontext muss also bei jedem einzelnen Bild untersucht werden, im besten Fall unter Berücksichtigung schriftlicher Quellen, wenn sich diese erhalten haben.

Literatur

Altmann, Lothar: Knaurs Lexikon Malerei und Graphik. München 2004.
Kindler, Helmut [u. a.]: Kindlers Malerei Lexikon. 6 Bde. Zürich 1964–1971.

Koschatzky, Walter: Die Kunst des Aquarells. München 1999. [1. Aufl. Salzburg 1982.]
Kruse, Christiane: Wozu Menschen malen. Historische Begründungen eines Bildmediums. München 2003.
Reclams Handbuch der künstlerischen Techniken. 3 Bde. Stuttgart 1984–1990.

1.4 Zeichnung

Die Zeichnung oder Handzeichnung (unter diesem Begriff findet man sie in vielen Lexika) ist noch älter als die Malerei, denn vermutlich haben die Menschen lange bevor sie Farben angerührt haben, in Stein oder Holz geritzt, in Erde oder Sand gezeichnet. Schon das Wort, das sich von Zeichen herleitet, zeigt die Vielfalt, die dieser Gattung innewohnt.

Bildträger ist seit dessen Verbreitung in Europa im allgemeinen das Papier, doch wurde bereits auf Pergament gezeichnet. Es gibt natürlich unterschiedliche Papiersorten und -qualitäten sowie farbliche Differenzierungen, also verschiedenfarbige Papiere. Mittel und Geräte zum Zeichnen sind Kohlestifte, Kreidestifte, Silber- oder Bleistift, aber auch mehrere Sorten an Federn und verschiedene Tinten. Die Zeichnungen können sowohl ein- als auch mehrfarbig sein, flüchtig hingeworfene Skizzen oder detaillierte Ausführungen.

Hauptmerkmal einer Zeichnung ist das Primat der Linie. Sie umreißt die Grenzen eines Gegenstands. Hinzu kommt die Schraffur, um Licht und Schatten sowie Volumen darzustellen. Die Lavierung als Tönung wird mit flüssiger, durchscheinender Farbe aufgetragen. Es gibt natürlich noch viele weitere Möglichkeiten wie die Weißhöhung durch Deckweiß oder die Pinselzeichnung.

Die Ausführung der Zeichnung richtet sich natürlich auch nach ihrer Funktion. Denn die Zeichnung ist sowohl künstlerisches Hilfsmittel als auch eigenständiges künstlerisches Medium.

Die Zeichnung als Hilfsmittel dient nicht nur der Malerei, sondern wird ebenso bei Werken der Bildhauerei und in viel umfangreicherem Maße bei der Architektur angewandt:

- Die erste Skizze hält oft nur einen Einfall fest, setzt Vorstellungen eines Auftrags bildlich um oder erfasst eine Situation.
- Der Entwurf arbeitet bereits viel deutlicher auf das Ergebnis hin.
- In der Studie werden Einzelheiten festgehalten, ohne die Gesamtkomposition zu berücksichtigen.
- Die Vorzeichnung zeigt das fertige Werk, allerdings noch nicht in dem eigentlichen Medium.
- Die Werkzeichnung ist ein Hilfsmittel zur Übertragung der einzelnen Teile auf die Wand, die Tafel oder die Leinwand. Sie wird häufig mit einem Raster überzogen, um eine genaue Übertragung zu gewährleisten und dient auch den Gehilfen als Anhaltspunkt.
- Der Karton ist eine maßstabsgetreue Vorzeichnung, die als Vorlage dient und deshalb nur sehr selten erhalten ist. In den großen Teppichmanufakturen benötigten die Handwerker beispielsweise Kartons, um die Vorgaben des Künstlers, der die Wandteppiche entworfen hatte, genau umzusetzen.
- Die Nachzeichnung war vor der Erfindung von Ver-

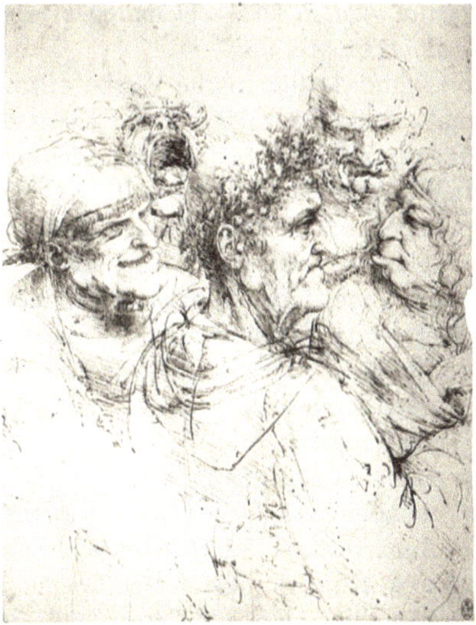

Abb. 19: Leonardo da Vinci, *Fünf groteske Köpfe*, 1480, Federzeichnung

vielfältigungstechniken ein Beleg für ein ausgeführtes Werk, wurde aber auch zur Verbreitung von Vorbildern oder als Studie, um ein Werk zu erfassen, genutzt.

– Die Architekturzeichnung ist erst einmal eine freie Skizze, die ohne exakte Vorgaben Ideen wiedergibt. Hier werden Grundlagen für neue Gebäude gelegt oder utopische Vorstellungen ins Bild umgesetzt. Sie hat nichts zu tun mit den genauen Grund- und Aufriss-Zeichnungen eines Gebäudes, die ebenso wie die technische Zeichnung keinen Anspruch auf künstlerische Gestaltung haben. Heute werden diese Zeichnungen hauptsächlich am Computer ausgeführt.

- Die Illustration schmückt literarische Werke, erläutert begleitend zum Wort Sachverhalte in Sachbüchern oder erfüllt ähnliche andere Zwecke. Mit Erfindung des Buchdrucks löste die illustrierende Zeichnung die Buchmalerei ab. Seit dieser Zeit und bis heute werden Bücher mit gezeichneten Bildern versehen. Die Illustration kann zwar aufgrund der literarischen Vorlage als gebundene Arbeit bezeichnet werden, doch können Illustrator und Illustratorin frei darüber entscheiden, wie sie die einzelnen Szenen umsetzen, weshalb es sich durchaus um selbständige Werke handelt.
- Die autonome oder freie Zeichnung ist schließlich frei von jeglicher gebundenen Aufgabe. Die Zeichnungen entstehen ohne Auftrag und sind auch keine Vorarbeiten für eine Ausführung in einem anderen Medium. Dargestellt sein kann hier alles von einem Gegenstand, einer Landschaft, einem Porträt bis hin zu mehrfigurigen Szenen und natürlich auch abstrakten oder gegenstandslosen Bildern (Abb. 19).

Literatur

Busch, Werner [u.a.] (Hrsg.): Randgänge der Zeichnung. Paderborn/München 2007.

Koschatzky, Walter: Die Kunst der Zeichnung. München 1999. [1. Aufl. Salzburg 1977.]

1.5 *Druckgrafische Künste*

Das Wort Druckgrafik setzt sich zusammen aus den Wortteilen »Druck« und »Grafik«, die den technischen und den künstlerischen Aspekt benennen: Farbe wird mit Hilfe einer Form auf einen Träger gebracht, wobei Druck ausgeübt werden muss, sei es durch körperliche Kraft oder durch den Einsatz eines Werkzeugs, beispielsweise einer Presse; das griechische Wort *gráphein* bedeutet ›ritzen, einritzen, schreiben‹, das heißt, die Druckform muss zuerst durch Einschneiden, Einritzen oder ähnliches vorbereitet werden. Man kann sie dann aber mehrfach verwenden, das heißt bei der Druckgrafik handelt es sich um eine Technik der Vervielfältigung.

Diese Art der Vervielfältigung war erst möglich, nachdem es einen Druckträger gab, der preiswerter war als Pergament. Deshalb ist auch die Erfindung der Druckgrafik ebenso wie die größere Verbreitung der Zeichnung eng mit der Einführung des Papiers in Europa verbunden.

In China wurde das Papier wahrscheinlich noch vor unserer Zeitenwende erfunden und kam wohl über den arabischen Raum im 12. Jahrhundert ins damals von den Arabern beherrschte Spanien. Von dort breitete sich die Technik der Papierproduktion aus. Mitte des 13. Jahrhunderts wurde in Italien Papier hergestellt, und 1389 ist dann auch die erste Papiermühle im deutschsprachigen Raum, in Nürnberg, belegt. Obwohl Papier bis ins 18. Jahrhundert ausschließlich aus Lumpen gefertigt wurde, leitet sich das Wort von Papyrus ab, der Pflanze, aus der die Ägypter seit dem 3. Jahrtausend vor Christus ihr Schreibmaterial hergestellt hatten.

Vorläufer der ersten auf Papier gedruckten Bilder waren

aus Holz geschnittene Stempel, mit denen bestimmte Ornamentformen auf Stoffe gedruckt werden konnten. Daraus entwickelte sich als erste Drucktechnik der Holzschnitt, der zu den Hochdruckverfahren zählt. Wir unterscheiden heute zwischen dem Hochdruck-, dem Tiefdruck-, dem Flachdruck- und dem Durchdruckverfahren.

Der Hochdruck ist der älteste Typ. Auf dem Druckstock werden all die Teile weggeschnitten, die nicht gedruckt werden sollen. Es bleibt also eine Art Hochrelief übrig, das eingefärbt und dann auf den Druckträger (meist das Papier) gedruckt wird. Dafür bedient man sich häufig einer speziellen Presse. In diesem Verfahren wird vor allem der Holzschnitt hergestellt, in jüngerer Zeit auch der Linolschnitt. Außerdem gibt es spezielle Holzschnittverfahren und die Zinkätzung als Hochdrucktechniken. Und natürlich gehört auch der Buchdruck mit beweglichen Lettern zu den Hochdruckverfahren.

Beim Tiefdruck ist es genau umgekehrt. In eine Metallplatte werden Vertiefungen geritzt oder geätzt. Anschließend wird die Platte eingefärbt, dann aber sorgsam abgewischt, so dass die Farbe nur in den tiefer liegenden Linien und Flächen bleibt. Die Platte wird dann in eine spezielle Presse gespannt und auf feuchtes Papier gedruckt. Zu den Tiefdruckverfahren gehören der Kupferstich und die Radierung.

Der Flachdruck ist ein auf chemischen Eigenschaften beruhendes Druckverfahren, das mit wasserabstoßenden und wasseranziehenden Flächen arbeitet. Hierzu gehört vor allem die Lithografie.

Das Durchdruckverfahren ist mit dem Siebdruck gleichzusetzen.

Die wichtigsten Drucktechniken:

Der Holzschnitt ist das älteste Druckverfahren, das wir kennen und wurde wohl um 1400 zum ersten Mal auf Papier angewandt. Die frühen Blätter waren einzelne Bilder, die Heilige darstellten und an Pilger verteilt wurden. Denen folgten dann bald in Text eingebundene Bilder, wobei auch der Text in Holz geschnitten war. Daraus entstanden bald ganze Bücher, sogenannte Blockbücher, bei denen der gesamte Text ins Holz geschnitten wurde. Die einzelnen Blätter wurden dann im Reiberdruck vervielfältigt. Dabei wird das Blatt auf den Holzstock gelegt und dann mit Hilfe eines Reibers Stück für Stück an den Holzstock gepresst, bis das ganze Bild gedruckt ist. Die dadurch entstehenden Reibspuren verbieten den beidseitigen Druck, weshalb auch die Blätter der Blockbücher nicht doppelt bedruckt werden konnten. Dennoch darf diese erste Form der Vervielfältigung von Bildern und Texten in ihrer Bedeutung für die Verbreitung von Wissen in ihrer Zeit nicht unterschätzt werden. Noch größer war dann aber die umwälzende Erfindung des Buchdrucks mit beweglichen Lettern um 1450 in Mainz. Jetzt konnten Bücher in großer Stückzahl und höherer Geschwindigkeit gedruckt werden. Die dafür erforderliche Presse kam dann auch wieder dem Holzschnitt zugute.

Zu den handkolorierten Holzschnitten der Frühzeit kam um 1500 der Farbholzschnitt, bei dem für jede Druckfarbe ein eigener Druckstock nötig war. Dazu kommen noch weitere Druckverfahren, die den Holzschnitt immer wieder veränderten.

Zur Gebrauchsgrafik (Buchillustration, Kartenspiel, Flugblatt) kam – wie bei der Zeichnung – der eigenständige, künstlerische Druck hinzu. Zur Meisterschaft brachte es darin Albrecht Dürer (1471–1528), der seine 350 Holzschnitte auch bestens vermarktete, indem er sie durch Handelsvertreter weit über die Grenzen Nürnbergs und Frankens hinaus verkaufen ließ.

Der Holzschnitt verlor spätestens im 17. Jahrhundert an Bedeutung, wurde dann aber im 19. Jahrhundert vor allem durch den Einfluss, den der japanische Farbholzschnitt damals auf die Künstler ausübte, wiederbelebt und fand sowohl in Symbolismus und Jugendstil als auch später im Expressionismus weite Verbreitung. Einzelne Künstler wie HAP Grieshaber (1909–1981) arbeiteten auch in der zweiten Hälfte des 20. Jahrhunderts bevorzugt im Holzschnitt.

Der Kupferstich entstand ebenso wie der Holzschnitt aus einem als Hilfsmittel angewandten Verfahren, bei dem Goldschmiede ziselierte Ornamente mit Farbe einrieben und dann auf Papier druckten, um diese Formen weiterverwenden zu können. Beim Kupferstich wird eine dünne Kupferplatte (später auch Platten aus Stahl) glatt poliert, dann meist mit einem Firnis überzogen, auf dem die seitenverkehrte Vorzeichnung aufgebracht wird, um dann mit einem Grabstichel alle Linien aus der Metallplatte zu »graben«, die nachher gedruckt werden sollen. In dem weichen Kupfer können mit dem Grabstichel viel feinere und auch bewegtere Linien entstehen, dazu Schraffuren, Punzierungen (Punktmuster) und anderes mehr (eine Besonderheit ist die Schabtechnik, auch Mezzotinto genannt, bei der keine Linien, sondern Flächen in verschiedenen Helligkeitsstufen herausgearbeitet werden; eine andere die Kaltnadeltechnik, bei der die Linien nicht eingegraben, sondern nur

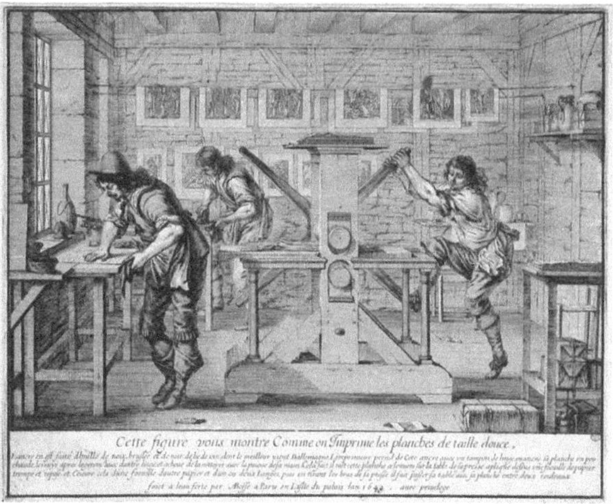

Abb. 20: Abraham Bosse, *Die Kupferdruckwerkstatt*, 1642, Kupferstich und Radierung

geritzt werden). Je nach Tiefe der eingegrabenen Linie wird diese gedruckt später schwärzer und breiter oder auch feiner ausfallen. Der Kupferstich kommt damit der Zeichnung sehr viel näher als der Holzschnitt.

Nachdem die Platte mit Farbe eingerieben wurde, muss nun alle Farbe auf der Fläche weggewischt werden, ohne dabei die Farbe aus den Linien zu entfernen. Nach dieser schwierigen Aufgabe (die Feinarbeit wird mit dem Handballen ausgeführt) kommt die Platte in die Presse, in der die Farbe aus den Vertiefungen auf das feuchte Papier gepresst wird (Abb. 20).

Der Kupferstich wurde kurz nach dem Holzschnitt entwickelt. Man vermutet, dass um 1420 erste Stiche entstanden, der früheste erhaltene stammt von 1446. Auch im Kupferstich hat Albrecht Dürer seine Virtuosität unter Beweis gestellt, hatte er doch seine Ausbildung beim Vater, einem Goldschmied, begonnen. Die Fertigkeit des Ziselierens war hilfreich, um hervorragende Kupferstiche auszuführen. Zu den etwa 100 Blättern gehören auch die vier sogenannten Meisterstiche.

Die Radierung ist kein manuelles, sondern ein Ätzverfahren. Dabei wird die Kupferplatte nach dem Polieren mit einer Grundierung (Lack) behandelt, die säurefest ist. Eine anschließende Schwärzung verhilft zur besseren Zeichnung. Dann wird mit einer spitzen Metallnadel in die Grundierung gezeichnet, also nicht in die Platte selbst geritzt, sondern nur in den Schutz. Jeder Fehler kann ausgeglichen werden, indem die Stelle wieder mit Lack ausgebessert wird. Danach kommt die Platte in ein Säurebad, in dem die freien Stellen geätzt werden. Wie tief die Ätzung wird, hängt davon ab, wie lange die Platte im Bad liegt. Man kann den Vorgang auch wiederholen und so tiefere und weniger tiefe Linien beziehungsweise Schraffuren und ähnliches erhalten. Anschließend muss die Grundierung entfernt werden. Nach diesem Vorgang folgt dasselbe Druckverfahren wie beim Kupferstich.

Die Aquatinta ist, ähnlich wie die Schabkunst, ein Verfahren, bei dem ganze Flächen geätzt werden, nicht nur Linien.

Die Radierung entstand um 1500 als die letzte der drei großen Drucktechniken in ausgehendem Mittelalter und beginnender Neuzeit. Größte Meisterschaft in dieser Technik erreichte Rembrandt (1606–1669), der sie auch mit der Kaltnadel kombinierte.

Das Flachdruckverfahren wurde von Alois Senefelder (1771–1834) 1798 mit der Lithografie, also dem Steindruck, entwickelt. Er hatte erkannt, dass vor allem beim Kalkstein aus Solnhofen die mit fetthaltiger Farbe behandelten Partien Wasser abstoßen, während die anderen, feucht gemachten Partien keine Farbe aufnehmen. Nachdem der etwa 8 bis 12 cm dicke Stein abgeschliffen und poliert ist, kann mit verschiedenen Materialien, die eine freie Darstellung erlauben, auf den Stein gezeichnet werden. Einzige Schwierigkeit ist, dass beim Druck alles seitenverkehrt erscheint, weshalb man sich auch gerne des Umdruckverfahrens bedient, bei dem mit speziellen Farben auf Papier gezeichnet und diese Zeichnung dann im Abklatschverfahren auf den Stein übertragen wird. Nachdem sich die Zeichnung auf dem Stein befindet, wird dieser zur Sicherheit noch mit bestimmten Chemikalien behandelt, bevor er nass gemacht wird. Erst jetzt kann man die Farbe auftragen und ein Blatt mit einer speziellen Lithografie-Presse drucken. Für jeden Druckvorgang muss der Stein feucht gemacht und eingefärbt werden, es können aber beliebig viele Blätter gedruckt werden. Wenn der Druckvorgang beendet ist, wird der Stein wieder geschliffen und für ein weiteres Bild verwendet. Man kann aber natürlich die Steine auch aufheben und später weitere Bilder drucken.

Eine Lithografie ist sehr viel schneller herzustellen als ein Bild in einem der anderen Druckverfahren. Von daher wurde sie bald nach ihrer Erfindung von vielen Künstlern genutzt. So war es jetzt auch möglich, tagespolitische Ereignisse in Zeitungen bildhaft zu kommentieren, wie dies vor allem Honoré Daumier (1808–1879) mit seinen Karikaturen tat. Sein lithografisches Werk umfasst über 4000 Blätter.

Bei der Farb- oder Chromolithografie wird für jede Farbe ein eigener Stein verwendet. Diese Technik beförderte die Plakatkunst, deren berühmtester früher Vertreter Henri de Toulouse-Lautrec (1864–1901) wurde.

Offset bezeichnet die industrielle Form der Lithografie, bei der die Vorlage mit Hilfe eines fotografischen Verfahrens auf eine Metallplatte übertragen wird und das Bild dann mit Hilfe eines Übertragungszylinders in der Rotationspresse gedruckt werden kann. Dieses Medium kann nur dann als künstlerische Umsetzung bezeichnet werden, wenn Künstler selbst am Druckvorgang beteiligt sind.

Der Siebdruck, auch als Durchdruck bezeichnet, wurde 1900 entwickelt und ist damit das jüngste Druckverfahren. Eine Art Stoff wird auf einen Rahmen gespannt und entweder manuell oder fotomechanisch in farbdurchlässige und -undurchlässige Partien aufgeteilt. Man kann also entweder das zu druckende Bild direkt auf das Sieb auftragen oder dasselbe Ergebnis durch Belichtung erzielen. Nach einigen Behandlungsschritten kommt dann Farbe auf das Sieb und wird auf den Bildträger durchgedrückt. Für mehrere Farben benötigt man – ähnlich wie bei der Lithografie – mehrere Siebe. Im Handdruck sind den Auflagen Grenzen gesetzt, weil das Sieb verklebt. Maschinell jedoch können beliebig viele Abzüge hergestellt werden. Seinen Siegeszug feierte der Siebdruck mit dem Aufkommen der Popart und der Forderung nach Kunst für alle, die durch den preiswert herzustellenden Siebdruck möglich schien.

Seit der Erfindung des ersten Druckverfahrens wurde

die Druckkunst vielfältig eingesetzt. Ebenso wie die Zeichnung hat sie vorrangig eine dienende Funktion, wird aber auch als eigenständiges Kunstwerk geschaffen. Mit Einführung der Druckkunst ersetzte sie die Buchmalerei als Textillustration sowohl von wissenschaftlichen wie von literarischen Werken. Der Druck von Flugblättern machte oppositionelles Gedankengut (wie das der Reformatoren) in weiten Kreisen der Bevölkerung publik. Außerdem war es erstmals möglich, Gemälde, Skulpturen und Architektur abzubilden, in größeren Auflagen zu reproduzieren und dadurch in anderen Gegenden bekannt zu machen. Künstler wie Rembrandt besaßen große Grafik-Sammlungen, um sich an anderen Vorbildern zu schulen. Andererseits ließen Künstler wie Peter Paul Rubens (1577–1640) von ihren Gemälden Stiche anfertigen und verkaufen, um sie überall bekannt zu machen. Doch bereits Dürer fertigte Zyklen biblischer Geschichten ohne dazugehörige Texte an und ließ sie – wie erwähnt – durch Vertreter weit über die Grenzen Nürnbergs hinaus verkaufen. Dürers Ruhm gründete auf diesen Druckfolgen, erst später kam der Erfolg als Maler hinzu.

Freie druckgrafische Arbeiten werden in bestimmten Auflagen hergestellt. Neben der Signatur folgen deshalb meist zwei Zahlen. Die erste bezeichnet die Nummer des Abzugs, die zweite die Auflagenhöhe. Früher war das nicht unbedingt der Fall. Und daher war es nicht ungewöhnlich, dass alte Platten oder Druckstöcke aus dem Nachlass von Künstlern ein wenig bearbeitet und neu aufgelegt wurden. So haben sich beispielsweise von Rembrandt zahlreiche Radierungen erhalten, die erst postum von den Originalplatten abgezogen wurden.

Die Erfindung der Lithografie erweiterte das Spektrum an druckgrafischen Möglichkeiten. Durch die große Auflagenhöhe wurde das Bild zur Massenware. Man konnte nun Plakate als Werbeträger drucken oder preiswerte Bilder als Wandschmuck für jedermann. Die Ansichtskarte, das Sammelbild und andere Bildformen kamen hinzu.

Heute werden solche in hohen Auflagen benötigten Druckerzeugnisse mit modernen Druckverfahren hergestellt. Die hier beschriebenen Drucktechniken werden aber weiterhin von Künstlerinnen und Künstlern genutzt.

Literatur

Castor, Markus A. [u. a.]: Druckgraphik. Zwischen Reproduktion und Invention. München/Berlin 2010.

Jaquier, Camille [u. a.] (Hrsg.): Kleines Handbuch der Druckgrafik. Zürich 2019.

Koschatzy, Walter: Die Kunst der Graphik. München 1999. [1. Aufl. Salzburg 1972.]

Rebel, Ernst: Druckgrafik. Geschichte und Fachbegriffe. 2., durchges. und aktual. Ausg. Stuttgart 2009.

– Meisterwerke der Druckgrafik. Stuttgart 2010.

1.6 Kunstgewerbe, Angewandte Kunst und Design

Die Worte Kunstgewerbe oder Kunsthandwerk verbinden Kunst und Handwerk oder Kunst und Gewerbe zu einer Einheit. Unter dem Begriff werden all die künstlerisch gestalteten Gegenstände subsumiert, die einen Gebrauchswert besitzen. Diese Einteilung ist relativ neu, da in Mittelalter und früher Neuzeit eine solche Trennung unbekannt war, schon allein deshalb, weil es keine zweckfreie Kunst gab. Im Laufe des 19. Jahrhunderts entwickelte sich der Geniebegriff, es wurde nun zwischen »hoher« und »niederer« Kunst unterschieden. Ungeachtet ihrer früheren Aufgaben wurden Malerei und Bildhauerei ebenso zur »hohen« Kunst gezählt wie die Architektur, obwohl diese immer auch einen Zweck erfüllt. Zeichnung und Druckgrafik befinden sich seither in einem Zwischenbereich, aber das Kunstgewerbe mit seiner eindeutig dienenden Funktion spielt innerhalb der Kunstgeschichte nur eine untergeordnete Rolle. Dabei waren bedeutende Bildhauer der italienischen Renaissance ausgebildete Goldschmiede. Bildschnitzer führten sowohl anspruchsvolle Schnitzaltäre als auch prächtiges Chorgestühl aus, doch nur die Altäre werden zur Bildhauerkunst gezählt.

Zum Kunsthandwerk zählen:

- Gold- und Silberschmiedewerke, also Schmuck, liturgisches Gerät, aber auch Tafelsilber und Uhren, meist Treibarbeiten, manchmal auch verbunden mit Edelsteinen (Steinschliff).
- Metallarbeiten wie Waffen und Rüstungen. Das Metall kann geschmiedet, gegossen oder gedrückt sein.
- Emailarbeiten, die häufig mit Edelmetallen kombiniert sind und ebenfalls als Schmuck und bei liturgischen Geräten Verwendung finden, aber auch bei Altartafeln (dann manchmal zur »hohen« Kunst gerechnet werden).
- Schnitzereien aus Elfenbein und anderen wertvollen Beinarten oder edlem Holz, häufig in Kombination mit anderen Materialien, als Spiel- oder andere Figuren, kleine Behältnisse und ähnliches.
- Steinschnitt wie die in Florenz entwickelte Pietra-dura-Technik, bei der aus verschiedenen edlen (und weniger

edlen) Steinen Bilder zusammengesetzt werden, die poliert zum Beispiel als Tischplatten dienen. Allerdings werden auch Gegenstände wie Spiel- oder andere Figuren sowie Dosen aus Stein gefertigt.

- Holzarbeiten, bei denen sich Schreinerei und Schnitzerei zu hervorragenden Werken der Möbelkunst verbinden, sei es im profanen Bereich (Einrichtung von Schlössern), sei es im Kirchenraum (Chorgestühl, Sakristeischränke, Orgelprospekte usw.), aber auch bei Fortbewegungsmitteln wie Kutschen, deren Fahrgastbereich größtenteils aus Holz bestand.
- Textilkunst, die Webarbeiten, Stickereien, aber auch gewirkte Stoffe umfasst, die teilweise weiter verarbeitet werden (also genäht). Auch hier findet sich eine große Bandbreite vom Krönungsmantel über die liturgischen Gewänder hin zu den als Wandteppichen genutzten Gobelins.
- Keramik, also aus Ton geformte Gegenstände, die anschließend (nicht zwingend) bemalt und dann gebrannt werden, wobei es sehr große Qualitätsunterschiede im verwendeten Ton und bei den einzelnen Rezepturen auch der Glasuren gibt. Gefäße, Tafelservice, aber auch Bilder, Figuren in den verschiedenen Materialien wie Majolika, Fayence, später auch Porzellan.

Zu diesen handwerklich verarbeiteten Materialien kamen dann Ende des 19. und vor allem im 20. Jahrhundert industriell gefertigte Gegenstände hinzu, die ihres Entwurfs wegen auch einen künstlerischen Anspruch besitzen. Dafür wird aber jetzt nicht mehr der Begriff des Kunsthandwerks benutzt, sondern der des Design, der sich vom englischen Wort (*to design*) für »zeichnen« ableitet und darauf verweist, dass zwar der Entwurf von einem Künstler oder einer Künstlerin stammt, nicht aber die Ausführung. Insofern ist es inzwischen besser, von Angewandter Kunst zu sprechen, weil dieser Begriff sowohl das Kunsthandwerk als auch das Design umfasst.

Zu den beim Kunsthandwerk bereits aufgezählten Bereichen, die auch im Design zu finden sind, kommen nun noch Gebrauchsgegenstände hinzu, die es früher nicht gegeben hat. Wir unterscheiden heute außerdem zwischen Produkt-Design und Grafik-Design, Firmen haben eine Corporate Identity und natürlich ein Logo, die beide von Designern entwickelt werden.

Die Unterscheidung zwischen hoher Kunst und Angewandter Kunst führte zu einer Gegenbewegung, die nicht nur der Angewandten Kunst einen gleichwertigen Platz einräumen, sondern auch alle Künste unter einem Dach versammelt sehen wollte. Theoretisch hatte das Alois Riegl (s. S. 38) bereits um 1890 gefordert. In der Praxis machten die Vereinigten Werkstätten für Kunst im Handwerk, die sich 1898 in München gründeten, einen Anfang. Ihnen folgten 1902 das Kunstgewerbliche Seminar in Weimar und 1903 die Wiener Werkstätten. Aus der Weimarer Schule ging dann 1919 das von Walter Gropius geleitete Bauhaus hervor, in dem alle Künste gleichberechtigt unterrichtet wurden. Gleichzeitig und auch darüber hinaus führten neue Museumsgründungen zu einer Aufwertung der Angewandten Kunst, nicht nur des Design, sondern auch des älteren Kunsthandwerks, was in der letzten Zeit mit der Einbeziehung der Alltagskultur in die Kunstgeschichte einhergeht.

Literatur

Byars, Mel: The Design Encyclopedia. London 2004.

Heider, Thomas [u. a.]: Lexikon Internationales Design. Reinbek bei Hamburg 1994.

Honour, Hugh / Fleming, John: Lexikon Antiquitäten und Kunsthandwerk. München 1984.

Mareis, Claudia: Theorien des Designs zur Einführung. Hamburg 2014.

Riley, Noël (Hrsg.): The Elements of Design. The Development of Design and Stylistic Elements from the Renaissance to the Postmodern Era. London 2003. [Dt.: Kunsthandwerk und Design. Stile, Techniken, Dekors von der Renaissance bis zur Gegenwart. Leipzig 2004.]

1.7 Fotografie

Das Wort Fotografie leitet sich aus zwei griechischen Worten ab, dem Genitiv des Worts *phos* ›Licht‹, *photos*, und *graphein* ›zeichnen, schreiben‹ usw., also kann man es etwa mit ›Lichtschreiben‹, ›Zeichnen mit Licht‹ oder ›Lichtschreibkunst‹ übersetzen. Darin ist dann auch das Wort »Kunst« bereits enthalten.

Die Fotografie wurde im 19. Jahrhundert erfunden und 1839 patentiert, weshalb dieses Jahr auch immer wieder als Geburtsstunde der Fotografie angegeben wird, obwohl die ersten erfolgreichen Versuche schon früher entstanden waren. Ihre schnelle Verbreitung führte einerseits zu einer Krise in der Malerei, weil die berechtigte Angst bestand, nun die lukrativen Porträt-Aufträge zu verlieren, andererseits wurde sie aber auch schnell als Hilfsmittel erkannt. Bald begannen sich Malerei und Fotografie gegenseitig zu befruchten, wenn nicht sogar zu beeinflussen, doch schon vor 1900 wurden auch Versuche unternommen, die beiden Medien voneinander abzugrenzen, was in der Malerei zur Abstraktion und Gegenständlichkeit führte, in der Fotografie zum Versuch, Wirkungen zu erzielen, die mit malerischen Mitteln nicht oder nicht so perfekt möglich sind, wie die Wiedergabe schneller Bewegungen oder der Tiefenschärfe. Um 1900 wurde die Fotografie dann auch als eigenständige künstlerische Ausdrucksform akzeptiert. Vor allem seit der zweiten Hälfte des 20. Jahrhunderts nimmt sie durch große Ausstellungen sowie den Aufbau von Sammlungen in einigen Museen immer mehr Raum auch in der kunsthistorischen Literatur ein.

Hinzu kommen allerdings bei der Fotografie zwei weitere wichtige Aspekte. Einmal hat sie gerade innerhalb der Kunstgeschichte auch dienenden Charakter, da keine Vorlesung, kein Seminar ohne Bildprojektion auskommt und kein Buch ohne Abbildungen. Einige Fotografen haben sich auf das Ablichten von Kunstwerken spezialisiert und Verlage gegründet, die sich speziell diesem Thema widmen.

Zum anderen ist jeder imstande, Fotos zu machen. Nicht lange nachdem die Kleinbildkamera entwickelt worden war, wurde sie für viele erschwinglich. Nachdem die Filmkamera von digitalen Aufnahmegeräten abgelöst wurde und das Filmmaterial dadurch wegfällt, hat sich der Foto-Boom potenziert. Die Fotografie als Kunstäußerung sieht sich daher mit einer ungeheuren Bilderflut konfrontiert.

Literatur
Brauchitsch, Boris von: Kleine Geschichte der Fotografie. 3., durchges. und erw. Aufl. Stuttgart 2018.
Frizot, Michel (Hrsg.): Nouvelle histoire de la photographie. Paris 1994. [Dt.: Neue Geschichte der Fotografie. Köln 1998.]
Mißelbeck, Reinhold (Hrsg.): Prestel-Lexikon der Fotografen. München [u.a.] 2002.
Stiegler, Bernd-Alexander / Thürlemann, Felix: Meisterwerke der Fotografie. Stuttgart [2]2020.

1.8 Neue Kunstformen

Im 20. Jahrhundert kamen zu den traditionellen Gattungen neue Formen hinzu, die teilweise zur Bildhauerei gezählt werden wie die Installation oder teilweise zur Malerei wie der Film, der aber genauso gut zur darstellenden Kunst, also dem Theater passt, das wiederum auch zur Literatur gehört, obwohl sich die Theaterwissenschaftler vermutlich dagegen verwahren. Fehlt noch die Performance, die aus dem Happening hervorging und ebenfalls mit experimentellen Formen des Theaters verglichen werden kann. Einen immer größeren Raum nimmt die sogenannte Video-Kunst ein, die sich natürlich auch vom Film herleitet, aber mit viel preiswerteren Mitteln auskommt, da sie häufig mit der Handkamera gedreht wird. All diese Kunstäußerungen haben inzwischen Eingang in die Museen und in die Lehrveranstaltungen der Kunsthistorischen Studiengänge gefunden, sind aber eher in den Masterstudiengängen und damit in der Phase der Spezialisierung zu finden, als im Grundstudium.

2 Einteilung der Kunstwerke in Epochen (Europa) und Weltkunst

Analog zur Geschichte wird die Kunst in Epochen eingeteilt. Diese Einteilung wird zwar immer fragwürdiger, weil die Grenzen fließend sind, weil in verschiedenen Ländern unterschiedliche Entwicklungen stattfanden, die man dann als »Sonderwege« bezeichnet und weil ab dem 19. Jahrhundert die Gleichzeitigkeit verschiedener Stile zu Problemen in der Einordnung und dadurch zu Unübersichtlichkeit führen kann. Dennoch verhilft die Gliederung in Epochen im großen und ganzen nach wie vor zu einem schnellen Überblick über verschiedene Kunstäußerungen. Der immer noch weitverbreiteten Auffassung, dass die Epochen aufeinander aufbauen, liegt die Vorstellung einer geradlinigen Entwicklung der Kunst zugrunde, so wie es Vasari in seinen *Viten* (s. S. 12 ff.) postulierte und noch bis ins 20. Jahrhundert hinein gelehrt wurde. Doch sind Veränderungen in der Kunst, also in der Art der Darstellung oder im Baustil vor allem Reaktionen auf politische, soziale oder religiöse Entwicklungen oder Umwälzungen. Es ist hier nicht der Ort, einen umfassenden Überblick über die Epochen zu geben. Kurze Charakteristika beziehungsweise Veränderungen und Abgrenzungen finden jedoch eine kurze Erwähnung, um die Orientierung zu erleichtern und zur weiteren Vertiefung anzuregen.

2.1 Frühchristentum und Byzanz

Seit sich das Christentum durch die Missionierung der Apostel und ihrer Anhänger im Mittelmeerraum ausbreitete, wurden auch Artefakte geschaffen, die mit dem neuen Glauben in Verbindung gebracht werden können. Nachdem die Christen dann 313 durch das Toleranzedikt Anerkennung fanden, entstanden die ersten großen Kirchenbauten in Rom, aber auch in anderen Ländern des Mittelmeerraums. Sie wurden mit Wandmalereien oder Mosaiken dekoriert, seltener mit Bauskulptur. Zeitlich wird die frühchristliche Kunst auf die Jahre um 300 bis etwa 600 eingegrenzt. An einigen Universitäten gehört sie zur Archäologie, an anderen zur Kunstgeschichte. Allerdings wird sie an vielen Universitäten nicht als eigenes Fach gelehrt.

Für die Kunstgeschichte bedeutsam ist die Tatsache, dass im Frühchristentum die Grundlagen für den Kirchenbau gelegt wurden, wie er sich dann in der West- und Ostkirche ausbreitete. Voraussetzung dafür war die Anerkennung des Christentums durch den spätrömischen Kaiser Konstantin und seine eigenen Kirchengründungen in Rom. Vorher gebaute Kirchen sind meist zerstört. Diese ersten Kirchen waren entweder Basiliken oder Zentralbauten. Die früher weit verbreitete Ansicht, die als Zentralbau angelegte Kreuzkuppelkirche sei im Osten entstanden, die längsgerichtete Basilika jedoch im Westen, ist durch neue Ausgrabungsfunde weder bestätigt noch widerlegt worden. Allerdings wurde später die Basilika im Westen, der Zentralbau – und da vor allem die Kreuzkuppelkirche – im Osten favorisiert.

Die frühchristliche Basilika entwickelte sich aus einem Gebäude, das Audienzhalle, Gerichtshof, Empfangsraum oder Markthalle sein konnte, allerdings nie heidnischer Kultraum. Ihr griechischer Name weist auf die Präsenz des

Königs hin (*basileus*). Diese Halle wurde als Kirchenbau insofern verändert, als es sich nun um einen mehrschiffigen Raum mit erhöhtem und beleuchtetem Mittelschiff handelte. Das Langhaus konnte in ein Querhaus münden, Abschluss war zwingend die Apsis. Die Grundform der christlichen Basilika wurde also im Frühchristentum gelegt. Typisch war einfaches Ziegelmauerwerk und die Verwendung von Spolien, das heißt aus anderen Bauten stammende Bauteile, die wiederverwendet wurden. Die großen, oft fünfschiffigen Kirchen waren auf ein Massenpublikum ausgelegt.

Etwa zehn Jahre nach dem Toleranzedikt von 313 entschloss sich Konstantin der Große zur Gründung einer neuen Hauptstadt im Osten des Reichs. Die Stadt Byzantion, seit etwa 660 v. Chr. griechische Kolonie, lag am Bosporus, der Meerenge, die das Schwarze Meer mit dem Marmarameer verbindet und den kürzesten Seeweg nach Asien darstellte. Die blühende Handelsmetropole erhielt im Jahr 330 den Namen Konstantinopel. Zu Beginn noch zu Rom gehörend, fand Ende des 4. Jahrhunderts eine Zweiteilung statt, die sich trotz gegenteiliger Bemühungen nicht mehr rückgängig machen ließ. Dem Römischen Reich stand nun ein zweites christianisiertes Reich gegenüber: Byzanz mit seiner Hauptstadt Konstantinopel, das sich immer weiter ausbreitete, nach Süditalien, Griechenland, Kleinasien und die Mittelmeerländer Afrikas. Es war ein reiches Land mit Handelsbeziehungen nach West und Ost. Dieser Reichtum schlug sich auch in der Kunst nieder, in prächtigen Kirchen- und Palastbauten, in Preziosen aus Gold, in Mosaikausstattungen, Wandmalereien, Ikonen und in der Buchmalerei.

Die aus dem Osten herandrängenden Araber und Turkvölker stellten ebenso eine Gefahr dar wie die aus dem Westen ankommenden Normannen und Kreuzfahrer, die eigentlich Verbündete sein sollten. Das riesige Reich reduzierte sich immer weiter, bis es nur noch aus Konstantinopel bestand, das 1453 von den Türken erobert wurde. Mehr als tausend Jahre waren von der Gründung der Stadt bis zu ihrer endgültigen Eroberung vergangen. In dieser langen Zeit hatte sich natürlich auch die Kunst verändert, hatte unterschiedliche Stile durchlaufen. Dennoch können auch Kontinuitäten beobachtet werden, die vermutlich auf der konstanten Herrschaftsstruktur beruhen.

Ebenso wie die frühchristliche Kunst wird die byzantinische Kunst nicht unbedingt zur Kunstgeschichte gerechnet. In einigen Instituten wird sie angeboten, an anderen Orten gehört sie mit der christlichen Archäologie gemeinsam zur Archäologie. Außerdem gibt es an wenigen Universitäten ein eigenes Fach Byzantinistik. Dort wird allerdings nicht nur die Kunst, sondern auch Geschichte, Kultur, Literatur usw. vermittelt und damit ein umfassendes Bild dieser Kultur.

Die Kunst des Frühchristentums findet sich in vielen Ländern des Mittelmeerraums ebenso wie die byzantinische. Der orthodoxe Glaube breitete sich aber auch in Ländern aus, die nicht zu Byzanz gehörten wie Russland oder solchen, die zeitweise von Byzanz, zeitweise von den Arabern okkupiert waren wie Armenien und Georgien. Die Kunst in diesen Ländern ist mit der byzantinischen durchaus vergleichbar; es gibt allerdings auch Unterschiede. Die Stile entwickelten sich auch dann weiter, als Byzanz nicht mehr existierte. Doch innerhalb der Kunstgeschichte sind das Randgebiete – abgesehen von den Zeiten, während derer eine Annäherung zwischen Russland und Europa stattfand, beginnend mit dem 18. Jahrhundert.

2.2 *Frühes Mittelalter (Karolinger, Ottonen)*

Der Begriff Mittelalter war zunächst abwertend als der Zeitraum zwischen Antike und deren Wiedergeburt (Renaissance) gemeint, hat sich aber trotz aller Versuche, andere Termini zu finden, hartnäckig gehalten. Er bezeichnet die Zeit von etwa 500 bis 1500, bezogen auf den sogenannten weströmischen Raum, also West- und Nordeuropa. In den von Rom besetzten Gebieten verbreitete sich nach der Anerkennung des Christentums durch Kaiser Konstantin der neue Glaube. Gleichzeitig bedrohte die sogenannte Völkerwanderung die Existenz des Römischen Reichs. Die Veränderungen, die damals stattfanden, wurden von Historikern (und in ihrem Gefolge auch von den Kunsthistorikern) als dunkle Zeit oder Zeit der Wirren bezeichnet.

Von dieser Ansicht ist man heute abgekommen. Man spricht eher von einer Transformation, die durch das Ende des Römischen Weltreichs und die parallel dazu stattfindende allmähliche Christianisierung ausgelöst wurde und versucht, durch eine differenziertere Einteilung der immerhin tausend Jahre umfassenden Zeit gerecht zu werden. So haben sich neben Früh-, Hoch- und Spätmittelalter besonders für die Kunst auch die Bezeichnungen karolingisch-ottonische Kunst, nach den Herrscherhäusern der Karolinger und Ottonen, Romanik und Gotik eingebürgert, obwohl es natürlich auch hier wiederum Differenzierungen gibt und die Begriffe selbst nur Hilfskonstruktionen sind.

Der Beginn des frühen Mittelalters wird häufig mit der Regierungszeit Karls des Großen gleichgesetzt, jenem Kaiser, der für die Erneuerung des Römischen Reichs (die *renovatio imperii*) und die endgültige Trennung von Ost- und Westrom und damit auch von orthodoxer und katholischer Kirche steht. Doch schon davor waren vor allem in England und den dazugehörigen Inseln Werke der Buchmalerei entstanden, die in ihren Ornamentformen auf keltische Ursprünge zurückgreifen. Sie entstanden in den neu gegründeten Klöstern Irlands und Südenglands, wohl bereits um 700, also ein Jahrhundert vor der Krönung Karls durch den Papst in Rom.

Auch wenn die Hauptkirche Karls des Großen, die Pfalzkapelle in Aachen, ein Zentralbau ist, setzte sich nun die aus Rom bekannte Form der Basilika im Kirchenbau durch und wurde, meist mit eingeschobenem Querhaus, weiterentwickelt und neuen liturgischen Vorstellungen angepasst. Architektonisch wichtig in dieser Zeit waren auch die Pfalzen, die vorübergehenden Residenzen des Kaisers, der keinen festen Wohnsitz hatte, sondern an wechselnden Orten des Reichs präsent war. Von diesen Pfalzen hat sich zwar nur wenig erhalten, doch konnten Grabungen viel über deren Struktur erfahrbar machen. Ähnlich verhält es sich mit dem Städtebau und den neuen Wehranlagen, den Burgen, die überall entstanden, teilweise auch als Keimzellen späterer Städte.

Die *renovatio imperii* hatte auch Rückgriffe auf die Antike zur Folge, die sich vor allem im skulpturalen Schmuck auswirkten. Spätantike Werke sind bis heute im Aachener

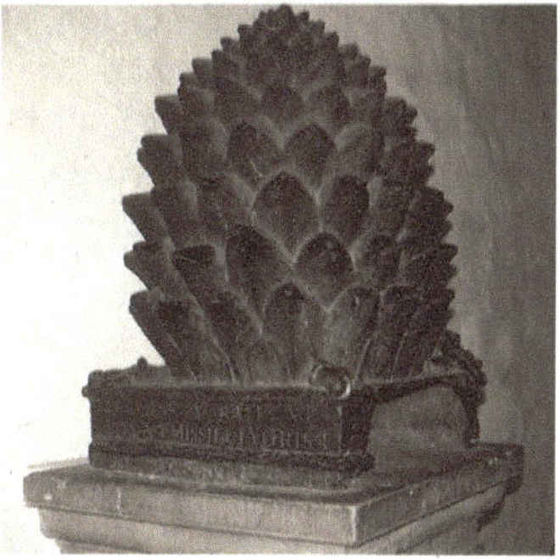

Abb. 21: Brunnenaufsatz in Form eines Pinienzapfens, um 800 oder 1000. Aachen, Domvorhalle

Dom vorhanden. Bronzetür und ein als Pinienzapfen ausgebildeter Brunnen zeugen (Abb. 21) von der Existenz einer Gusswerkstatt. Großbronzen finden sich auch in anderen Gegenden wie Hildesheim. Die Herstellung liturgischer Geräte aus edlen Metallen wurde vorangetrieben, ebenso wie Elfenbeinschnitzereien, die häufig als Buchdeckel fungierten. Dabei gibt es große regionale Unterschiede, ebenso wie in der Malerei. Auch hier finden sich – wie in Frühchristentum und Byzanz – bedeutende Freskenzyklen in den Kirchen, doch muss das Hauptaugenmerk auf die enorme Buchproduktion gelegt werden. An den Höfen Karls des Großen und Karls des Kahlen und in den Schreibstuben, den Skriptorien, der Klöster, zum Beispiel in Sankt Gallen, Metz, Trier, Fulda oder auf der Insel Reichenau im Bodensee entstand eine große Menge an Prachthandschriften mit häufig ganzseitigen, oft mit Gold unterlegten Miniaturen. Auftraggeber waren die Kaiser und Fürsten, aber auch Kleriker, also Bischöfe, Äbte und Äbtissinnen.

Kunstwerke aus dieser Zeit finden sich also vor allem in dem Gebiet, das von Karl dem Großen regiert wurde, aber natürlich auch in anderen Teilen des christianisierten Europas wie England und Irland.

2.3 Romanik

Die Bezeichnung Romanik stammt aus dem 19. Jahrhundert und entstand aus der Vorstellung heraus, dass diese Kunst – vornehmlich in der Architektur – auf römischen Formen basiert. Dabei ist der Rundbogen als herausragendes Merkmal von entscheidender Bedeutung. Auch wenn die herkömmliche Epocheneinteilung bereits das frühe Mittelalter als romanisch bezeichnet, diese Epoche jetzt aber auf die Zeit vom 11. bis zum 13. Jahrhundert eingeschränkt wurde, hat sich der Begriff der Romanik als Hilfsmittel erhalten. Bei den künstlerischen Ausdrucksformen ist eine Konsolidierung und Vertiefung dessen zu beobachten, was sich im frühen Mittelalter entwickelt hat.

In dieser Zeit der zunehmenden Mobilität durch Pilgerreisen und Kreuzzüge entstehen im Gebiet des Regnum Teutonicum die großen Kaiserdome in Mainz, Worms, Speyer oder Bamberg, während im Regnum Italiae der Dom von Pisa und das Florentiner Baptisterium, aber auch die an byzantinischer Architektur und Ausstattung orientierte Markuskirche in Venedig gebaut werden. In Burgund wird mit dem Neubau in Cluny (Cluny III) die damals größte Kirche vollendet. Flächendeckend werden also Anstrengungen unternommen, Repräsentation und Macht

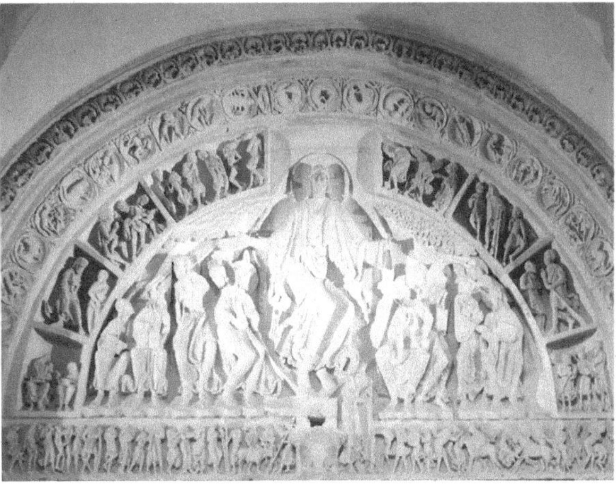

Abb. 22: Hauptportal: Tympanon mit Aussendung der Apostel, um 1130. Vézelay, Sainte Madeleine, Vorhalle

durch Großbauten darzustellen, in den meisten Fällen ausgebildet als Basiliken mit Tonnen- und Kreuzgratgewölben.

Als Schmuck wird nun häufig Bauplastik verwendet, die zum Beispiel an Kapitellen und in den Tympana über den Eingangsportalen der Kirchen zu finden ist, vor allem in Burgund, etwa in Autun oder Vézelay (Abb. 22). Große Kruzifixe wie das aus St. Georg in Köln, Altarfiguren aus Holz oder Stein, aber auch Bronzefiguren wie der Braunschweiger Löwe vervollständigen das Bild, wobei es hier wie auch in der Architektur unterschiedliche nationale Ausprägungen gibt. Weiterhin sind auch jetzt herausragende Gold- und Silberarbeiten verbreitet, so der Dreikönigsschrein, der sich immer noch im Kölner Dom befindet, für den er geschaffen wurde, und bei dem wir sogar den Künstler, Nikolaus von Verdun (zwischen 1181 und 1205 nachweisbar), kennen.

Zur Buchmalerei kommen nun verstärkt die Wandmalereien hinzu, nicht nur in Kirchen, sondern auch in den Burgen vornehmlich Südtirols, und damit Beispiele für profane Bildgestaltung. Bemalte flache Holzdecken bilden in Kirchen die Ausnahme, sind dafür aber umso prominenter wie in St. Michael in Hildesheim. Außerdem entstehen erste Glasfenster, die Geschichten aus dem Leben Jesu und der Heiligen »erzählen« – so wie die Wandmalereien und die Bauskulptur.

2.4 *Gotik*

Die Epoche, die wir bis heute Gotik nennen, beginnt in Frankreich schon im 12. Jahrhundert, im übrigen Europa ein Jahrhundert später. In Teilen Italiens und in den Niederlanden werden – zumindest in der Malerei – bereits im 14. Jahrhundert Entwicklungen sichtbar, die zur Renaissance führen. Um 1500 verändern sich auch in den anderen Ländern die Stile in den verschiedenen Gattungen, allerdings wird vor allem in England der gotische Baustil weiterhin favorisiert. Insofern ist es schwierig, Gotik als länderübergreifenden Epochenbegriff zu verwenden. Der Begriff selbst wurde von Vasari (s. S. 12ff.) geprägt, der damit die Architektur nördlich der Alpen von derjenigen der italienischen Renaissance abgrenzen wollte und der den Begriff Gotik bewusst abschätzig benutzte. Erst durch

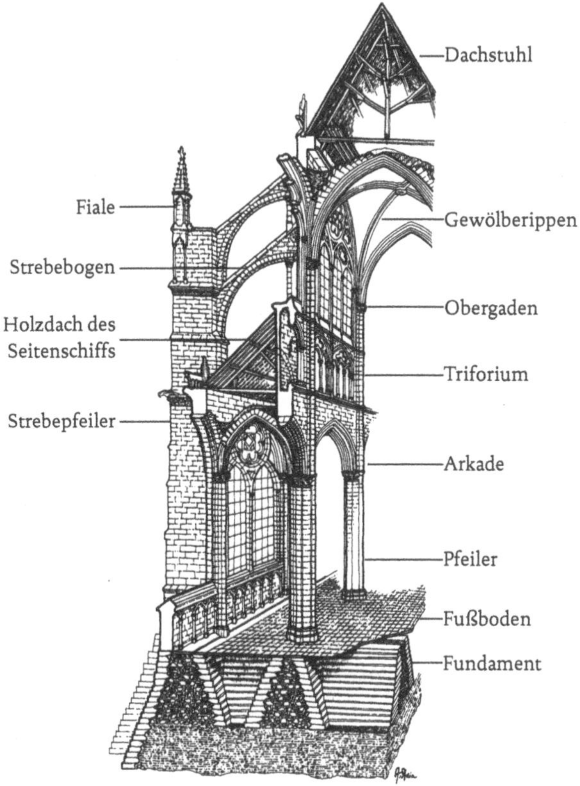

Abb. 23: Amiens, Kathedrale: Isometrie eines Langhausjoches mit Fundament unter Rekonstruktion der ursprünglichen Seitenwand, nach Eugène Viollet-le-Duc und Georges Durand

Goethe und seine Begeisterung für das Straßburger Münster (*Von deutscher Baukunst*, 1772) wurde Gotik ein Idiom, das eine in deutschem Gebiet entstandene Architektur meinte. Diese Vorstellung musste allerdings bald revidiert werden, da das, was wir unter gotischer Architektur verstehen, seinen Ursprung zweifelsfrei im Kronland Frankreichs, in der Île-de-France hatte, ganz gleich, ob man, wie allgemein üblich, St. Denis, die Grablege der französischen Könige, als ersten gotischen Bau ansieht, oder dies, wie in letzter Zeit geschehen, in Zweifel zieht.

Die gotische Kirchen-Architektur unterscheidet sich fundamental von derjenigen vorhergehender Zeiten, da es sich um eine Skelettbauweise handelt. Das bedeutet, dass die tragenden Teile eines Bauwerks ein Gerüst aus Pfeilern (oder Säulen), Gurten (bei den Gewölben) und Strebepfeilern bilden, in dem die Wand nur Füllmasse darstellt. Deshalb konnten auch große Teile der Wandflächen durch Glasfenster ersetzt werden. Die Bauten mit ihren Spitzbögen erreichten eine vorher nicht vorstellbare Höhe und Weite (Abb. 23).

Erklärungsmuster, wie es zu dieser Änderung kam, gibt es viele. So soll die Lichtmystik eine Rolle gespielt haben, ebenso die immer größer werdende Flut von Pilgern, die an großen Festen in die Kirchen hineindrängte. Inzwischen rückt man von diesen Vorstellungen wieder ab, ohne allerdings plausible Erklärungen parat zu haben.

Die Kathedralen in Frankreich wie Chartres, Reims, Amiens, Notre-Dame in Paris besaßen nicht nur einen ausgeklügelten Zyklus von Glasmalereien, dessen Höhepunkt die große Rosette an der Westfassade – manchmal auch an den Fassaden des Querhauses – darstellte, sondern auch

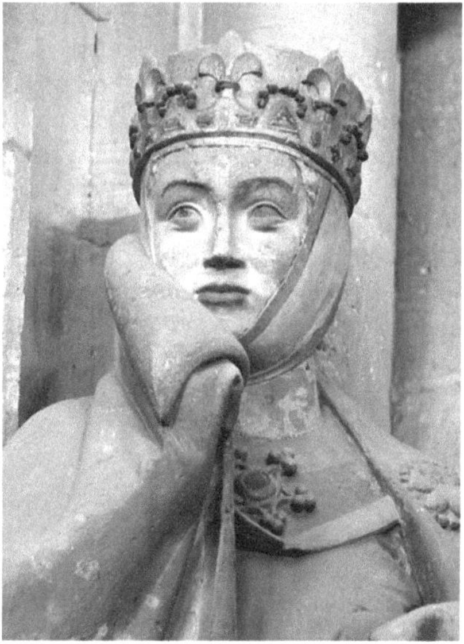

Abb. 24: Uta von Naumburg, Statue im Westchor des Doms von Naumburg, Mitte des 13. Jahrhunderts

eine Fülle von Skulpturen an den tief in die Mauern einschneidenden Portalen. In den Tympana, also den Bogenfeldern über den Portalen, auf dem Trumeau-Pfeiler in der Mitte eines Portals, in den Gewänden und Archivolten, also den Einfassungen von Portal und Tympanon, fanden sich Heilsprogramme, die schon den Eintretenden belehrten. Gerade die Gewändefiguren, die zu Beginn der Gotik reliefartig aus den Säulen herausgearbeitet schienen, wurden immer plastischer, auch wenn sie mit der Wand verbunden blieben. Die Entwicklung der Bauplastik lässt sich zum Beispiel an den nacheinander entstandenen Portalen in Chartres nachvollziehen. Wie groß die Kommunikation über große Entfernungen innerhalb Europas war, zeigt die Abhängigkeit deutscher von französischer Bauskulptur zum Beispiel zwischen Reims und Bamberg. Hinzu kamen in der Spätgotik große Schnitzaltäre und andere aus Holz geschnitzte oder aus dem Stein gehauene Figuren, meist der Heiligen, aber auch von Herrschern. Berühmtes Beispiel ist die Uta von Naumburg im Naumburger Dom (Abb. 24).

In der Malerei begann im 13. Jahrhundert in Italien eine Entwicklung von entscheidender Bedeutung für die abendländische Kunst, die bis heute andauert. Die Nähe zu Byzanz gerade durch die engen Handelsbeziehungen mit Venedig und die Normannen auf Sizilien machte die byzantinische Ikone als Bildform bekannt. Aus ihr entstand das auf Holz gemalte Heiligenbild, das erst einmal auf den Altar gestellt wurde (vgl. etwa Abb. 10, S. 70). Es ergänzte die in den Kapellen der italienischen Kirchen häufig vorhandenen Fresken.

Das auf Holz gemalte Altarbild verbreitete sich schnell auch in den Gebieten nördlich der Alpen. Großformatige Bildfolgen wurden zu klappbaren mehrteiligen Altarbildern (Triptychen oder Polyptychen). In Kombination mit einem Schnitzaltar entstanden komplizierte, mehrfach zu öffnende Bildwerke, die auch Wandelaltäre genannt wurden, etwa der 1512–16 geschaffene Isenheimer Altar von Matthias Grünewald (1470/75–1528) und von dem Bildschnitzer Nikolaus von Hagenau (um 1445 – vor 1538). Der

Altar befindet sich heute in Colmar. Neben den großen Altären schufen die Maler aber auch private Andachtsbilder für den Hausgebrauch oder für die Reise. Das waren dann meistens kleine Klappaltäre.

Die Buchmalerei war bereits im frühen Mittelalter nicht nur auf sakrale Werke beschränkt, doch im 13. und 14. Jahrhundert nahm auch hier die Produktion noch weiter zu. So stammt die berühmte große Heidelberger Liederhandschrift, besser bekannt unter dem Namen *Codex Manesse*, aus dem frühen 14. Jahrhundert. Erste Geschichtsbücher wie die *Sächsische Weltchronik* illustrierte man bereits um 1270.

Der Profanbau war zu dieser Zeit nicht mehr nur auf Burgen beschränkt. In den italienischen Stadtstaaten entstehen große kommunale Paläste, in Venedig die schlossartige Architektur des dortigen Herrschers, des Dogen. Hinzu kommen Wohnhäuser der Familien, häufig turmartige Gebäude, in die sich ganze Familien zurückziehen, wenn Fehden ausbrechen. Von solchen Geschlechtertürmen, wie sie heute noch in San Gimignano in der Toskana zu sehen sind, haben sich nördlich der Alpen nur wenige erhalten, dafür finden sich dort gotische Steinhäuser mit abgetreppten Giebeln und große Fachwerkhäuser. Das waren oft kommunale Gebäude wie Rat- oder Zunfthäuser. Doch auch das Wohnhaus wurde häufig in Fachwerk gebaut, einer Skelettbauweise, vergleichbar mit derjenigen der gotischen Kathedralen, nur dass hier das Skelett aus Holzbalken besteht, die Zwischenräume aus Strohmatten, Lehm und Putz.

2.5 *Spätmittelalter oder Frührenaissance*

In Florenz und Rom beginnt in der Zeit um 1300 eine Entwicklung hin zu einer Malerei, bei der die Flächigkeit zugunsten einer neuen Räumlichkeit aufgegeben wird. Die Figuren selbst erhalten Volumen und finden sich in Räumen wieder, die wie Guckkästen konstruiert sind. Auch wird die Bedeutungsperspektive aufgegeben, das heißt die Figuren sind nicht mehr nach ihrer Bedeutung größer oder kleiner, sondern gleich groß (vgl. etwa Abb. 18, S. 119). Giotto (1267–1337) galt lange als Urheber dieser neuen Malweise, wahrscheinlich auch aufgrund seiner Lebensbeschreibung in Vasaris Viten. Doch inzwischen ist man sich nicht mehr sicher, ob Giotto in Florenz oder Pietro Cavallini (1240/50–1330/40) in Rom der erste war, der diese Malerei einführte. Möglicherweise entwickelten sie diese aber auch gemeinsam in der Oberkirche von Assisi. Eine dritte Variante ist die Vermutung, dass beide gleichzeitig aber unabhängig voneinander zu diesen neuen Kompositionen fanden. Die Fresken und Tafelmalereien, die zu Beginn des 14. Jahrhunderts vor allem in Florenz, aber eben auch in Assisi und Rom entstanden, werden manchmal bereits der Frührenaissance zugerechnet.

In dieser Zeit entwickelte sich Florenz zu einer blühenden Handelsmetropole mit einem erstarkenden Bürgertum, das Fresken in Familienkapellen ebenso in Auftrag gab wie Buchmalereien, die die Geschichte der Stadt, aber auch die Geschichte des Getreidehandels thematisierten. Kommunale oder andere öffentliche Gebäude wurden mit profanen politischen Fresken geschmückt, so in Florenz das Gebäude der Arte della Lana, die Zunft der Wollhändler. Im nahegelegenen Siena kann man bis heute im kommunalen Palast die Auswirkungen der *Guten* und der *Schlechten Regierung* in Augenschein nehmen.

Vor allem diese Malereien, aber auch die gleichzeitig entstandene Skulptur und Architektur bildeten eine der Voraussetzungen für die Renaissance. Dieser ebenfalls von Vasari geprägte Begriff der Wiedergeburt (*rinascità*) meint die Rückbesinnung auf die Antike. Der französische Name dafür wurde dann im 19. Jahrhundert gebräuchlich. Tatsächlich fand bereits im ausgehenden 13. und vor allem im 14. Jahrhundert eine Rückbesinnung auf antike Schriften statt, wurden die Ruinen in Rom als wichtige Monumente einer großen Vergangenheit in einem neuen Licht gesehen. Und höchstens zweihundert Jahre zuvor entstandene Bauten in Florenz, namentlich das Baptisterium und die Kirche San Miniato al Monte, ordnete man der Antike zu. Um 1400 waren es dann Florentiner Künstler, allen voran der Architekt Filippo Brunelleschi (1377–1446), der Bildhauer Donatello (1382/86–1466) und der Maler Masaccio (1401–1429), die immer wieder exemplarisch genannt werden: Brunelleschi für das erste Gebäude, dessen Maße in einem proportional zueinander stehenden Bezugssystem angelegt sind (die sogenannte Alte Sakristei von San Lorenzo); Donatello für die erste nachantike, lebensgroße allansichtige Aktfigur (die Bronzeplastik des David) und Masaccio für das erste mit Hilfe der mathematisch berechneten Zentralperspektive gemalte Bild (das Trinitätsfresko in Santa Maria Novella). Diese Neuerungen, die natürlich nicht nur von drei Künstlern vorangetrieben wurden, führten langfristig zu einem neuen Stil, der sich in ganz Europa ausbreitete.

Gleichzeitig wurden in den damals zum Königreich

Burgund gehörenden Niederlanden Bilder gemalt, die ähnliche Wirkungen erzielten, obwohl sie nicht mit Hilfe der mathematisch berechneten Zentralperspektive konstruiert worden waren, sondern mit Hilfe von Erfahrung beziehungsweise Empirie. Charakteristisch für die teilweise sehr kleinen Tafelbilder und Altäre von Jan van Eyck, Rogier van der Weyden und anderen Niederländern ist ein ungeheurer Detailreichtum, bei dem jeder Gegenstand und jede Geste zwei Bedeutungsebenen besitzt und damit versteckte Symbole, die mit dem Begriff *disguised symbolism* bezeichnet werden. So kann beispielsweise ein Schoßhund eheliche Treue symbolisieren, Lilien Jungfräulichkeit. Hinzu kommen Landschaften als Bildhintergründe, die sich weit in den hinteren Bildraum ausdehnen. So befindet sich in dem Bild *Die Madonna des Kanzlers Rolin* von Jan van Eyck (um 1390–1441), das heute im Louvre gezeigt wird, in der hinteren Wand des Zimmers eine Öffnung, die den Blick auf eine weite Flusslandschaft freigibt. Im Zimmer selbst kniet der weltliche Würdenträger, der Kanzler Rolin, vor der Muttergottes, lediglich getrennt durch das Gebetpult und nicht kleiner als sie. In der Zeit zuvor war diese Darstellungsweise undenkbar.

In anderen Teilen Europas hielt man länger am Vertrauten fest, verband es aber bereits mit den aus Italien und den Niederlanden kommenden neuen Ideen, so dass vor allem in Malerei und Bildhauerkunst Werke entstanden, die heute – je nach Gesichtspunkt der Forschung – unterschiedlichen Epochen zugeordnet werden. Auch werden tradierte Vorstellungen wie die einer sogenannten Internationalen Gotik um 1400 unter Anführung der Künstlerfamilie Parler aus Böhmen inzwischen bezweifelt. Spätgotik und Renaissance sind – wie weiter oben bereits erwähnt – nicht mehr so leicht zu trennen wie früher, was sich auch in den neuen, nach Epochen gegliederten Kunstgeschichten widerspiegelt.

2.6 *Renaissance und Manierismus*

Die Epoche, die als Renaissance bezeichnet wird und – je nach geographischer Position – einen Zeitraum von etwa 100 bis 200 Jahren umfasst, ist nicht nur geprägt von der Wiederentdeckung der Antike, sondern auch von anderen, mindestens ebenso fundamentalen Neuerungen: Die Erfindung der Druckkunst nach der Einführung des Papiers stellte bereits eine Art Revolution dar, die dann vom Buchdruck mit beweglichen Lettern noch weit übertroffen wurde. Literatur, wissenschaftliche Erkenntnisse, aber auch die Ideen der Reformatoren konnten nun in einem viel größeren Umfang und sehr viel schneller verbreitet werden als zuvor. Schon in früheren Zeiten hatte es häufig Kritik an der Kirche gegeben, doch fehlte das Medium, dieses neue Gedankengut in weiten Kreisen der Bevölkerung bekannt zu machen. Das gelang erst durch die Vervielfältigung von Flugblättern und Schriften in einer bisher nicht vorstellbaren Stückzahl. So gelang unter anderem durch die Buchdruckkunst die Reformation, die wiederum weitreichende Folgen für die Kunst hatte, denn in den reformierten Ländern sank die Nachfrage nach Altarbildern, Schnitzaltären und anderen sakralen Bildwerken. Dafür stieg der Bedarf an Porträts.

Nach der Entdeckung Amerikas und nach Entdeckung des Seewegs nach Indien (aus europäischer Sicht) gewannen die Wissenschaftler neue Erkenntnisse, wurde das Kartenmaterial präziser, erhielt man Kenntnis von fremden Völkern.

Die Eroberung Konstantinopels durch die Türken 1453 war auch auf den Einsatz von Kanonen zurückzuführen. Diese Kriegswaffen wurden bald in ganz Europa verwendet, wodurch Burgen und andere Festungsbauten viel leichter einzunehmen waren. Es nützte den Herrschern nichts mehr, sich hinter dicken Mauern zu verbarrikadieren. Sie konnten genauso gut in repräsentativere Bauten umziehen. Das war der Beginn des italienischen Palast- und des französischen Schlossbaus, der besonders unter König Franz I. vorangetrieben wurde. Noch immer hatte der König keinen festen Wohnsitz und baute deshalb zahlreiche Schlösser in Paris, vor allem aber an der Loire (vgl. etwa Abb. 15, S. 95). Seine Minister und andere hohe Beamte taten es ihm gleich, weshalb gerade an der Loire kleinere und größere Schlösser entstanden, die sowohl der Repräsentation als auch den Vergnügungen, zum Beispiel bei der Jagd, dienten. Die Entwicklung von der Burg zum Schloss wird noch an vielen Versatzstücken deutlich, die aus dem Burgenbau stammen und auch bei den im nördlichen Europa jetzt notwendig gewordenen Rathäusern anzutreffen sind, Zeichen der freien Bürger in wachsenden Städten wie es sie in Italien bereits seit dem 13. und 14. Jahrhundert gegeben hatte.

Die Hochrenaissance in Italien umfasst einen kurzen Zeitraum von etwa dreißig Jahren. Das Zentrum verlagerte sich von Florenz nach Rom. Wieder war es ein Dreigestirn von Künstlern, die Repräsentanten der Zeit sind: Leonardo da Vinci (1452–1519), Raffael (eigentlich Raffaello Santi;

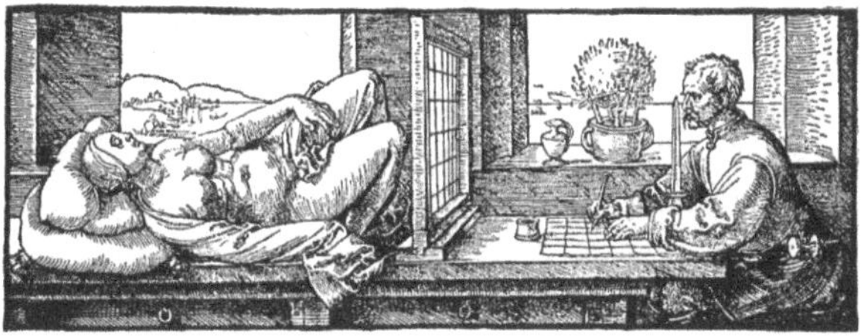

Abb. 25: Albrecht Dürer, *Underweysung der Messung: Der Zeichner des liegenden Weibes*, 1525, Holzschnitt

1483–1520) und Michelangelo Buonarroti (1475–1564) verkörpern das Bild des Universalgenies. Sie versuchten sich in allen Künsten, vor allem Leonardo forschte über die Kunst hinaus auf vielen Gebieten. Er kann als Naturwissenschaftler, Anatom, Astronom, Ingenieur und Mathematiker bezeichnet werden. Michelangelo hingegen schrieb Gedichte. Doch waren diese Künstler damit keine Ausnahmen in ihrer Zeit. Häufig waren Künstler nicht nur Maler, Bildhauer und Architekt in einem, sondern darüber hinaus noch Universalgelehrte.

Diesen Anspruch hatte auch Albrecht Dürer, der damals schon weit über die Grenzen seiner Heimat Nürnberg hinaus bekannte Maler, der mehrere Abhandlungen über die Malerei und die Möglichkeiten des perspektivischen Zeichnens schrieb (Abb. 25) und die Künstler um ihre Stellung in Italien beneidete, weil sie nicht mehr, wie nördlich der Alpen, als Handwerker angesehen wurden.

Dürer war einer der wichtigsten Vertreter der um 1500 auch in Deutschland und in den westlicher gelegenen Ländern angekommenen Renaissance. Sie fand vor allem durch italienische Künstler Verbreitung, die hauptsächlich nach Bayern gerufen wurden.

Auf die kurze Phase der Hochrenaissance folgte in Italien der ebenfalls als Spätrenaissance bezeichnete Manierismus, der zuweilen auch als eigene Epoche kategorisiert wird. Der Begriff leitet sich aus dem italienischen Wort *maniera* her, das nicht nur ›Stil‹ heißt, sondern auch ›überzogen‹, also manieriert. Die in der Renaissance aufgestellten Regeln der Harmonie, das heißt auch der Darstellung in ausgewogenen Proportionen wurden zugunsten überlängter Figuren aufgegeben (vgl. etwa Abb. 17, S. 116), die sich am besten auch noch um sich selbst drehten (*figura serpentinata*). Diese Prinzipien wurden in Malerei und Skulptur gleichermaßen angewandt. In der Architektur fand eine Durchdringung von Innen und Außen statt, die klar gezogenen Grenzen zwischen Haus und Garten wurden durch verbindende Loggien aufgehoben, Wände und Decken mit Ornamentik überzogen, so dass der Bau in seiner Struktur nicht mehr erkennbar war. Hinzu kamen nun auch die Gärten, in denen mit Grotten, Brunnen, Wasserspielen, Skulpturen eigene rätselhafte Welten und Fluchtpunkte entstanden.

Inwieweit Werke aus dem späten 16. Jahrhundert zur Renaissance oder zum Manierismus gezählt werden, darüber ist sich die Forschung oft nicht einig, ebenso wie die Grenzen zum Barock in dieser Zeit fließend sind.

2.7 Barock und Rokoko

Der von dem portugiesischen Wort *barocco* oder *barucca* (›schiefe Perle‹) abgeleitete Begriff wurde seit dem 19. Jahrhundert für die auf die Renaissance (und den Manierismus) folgende Epoche eingeführt. Die von der katholischen Welt beförderte Gegenreformation und die Gründung neuer Mönchsorden, wie dem der Jesuiten, führten in Rom um 1600 zu einer regen Bautätigkeit, die in der Vollendung der in der Renaissance begonnenen neuen Peterskirche kulminierte. Ihre Fassade wurde durch den riesigen Platz davor zur Kulisse, vor allem, wenn der Papst auf der Benediktionsloggia stehend zu den Gläubigen sprach. Die Rhythmisierung der Kirchenfassaden durch Vor- und Rücksprünge wurde zum Prinzip erhoben, große Plätze neu konzipiert. Sie waren Austragungsort von Festen, etwa die Piazza Navona, die im Sommer vor allem an besonderen Tagen unter Wasser gesetzt wurde. Auch hier nahmen die den Platz umgebenden Gebäude, die Kirchen und Paläste, ebenso wie die skulptural ausgestalteten Brunnen auf dem Platz die Rolle von Kulissenbauten für eine Bühne ein. Die Welt präsentierte sich als Theater. Hinzu kamen die richtigen Theaterbauten, Opernaufführungen und Schauspiele.

Inszenierungen fanden auch in den Kircheninnenräumen statt: durch prächtige Ausstattungen mit ungeheuer bewegten Figuren, die jetzt nicht mehr unbedingt aus Stein oder Bronze sein mussten, sondern auch in Stuck modelliert sein konnten. Diese Scheinwelt wurde noch durch Deckenmalereien vervollständigt, bei denen der Übergang von realer zu gemalter Architektur nicht zu erkennen war und die Decke sich scheinbar in den Himmel hinein öffnete.

In der Tafelmalerei wurden verschiedene Wege beschritten. Frömmigkeit und innere Beseeltheit hatten neben einer nichts beschönigenden Hell-Dunkel-Malerei Bestand: etwa in der Cerasi-Kapelle der römischen Kirche Santa Maria del Popolo, für die ein Auftraggeber bei den Protagonisten des Barock und Rokoko, dem aus Bologna stammenden Annibale Carracci (1560–1609) und dem aus Caravaggio stammenden Michelangelo Merisi, genannt Caravaggio (1571–1610), Bilder bestellte, die unterschiedlicher nicht sein könnten.

Doch nicht nur Kirche und Hof gaben Kunstwerke in Auftrag. In Rom unterstützten vor allem hohe kirchliche Würdenträger die Künstler mit Aufträgen und Ankäufen, in anderen Städten waren es Patrizier und reiche Händler. Neben dem Historienbild und dem Porträt wurde jetzt auch nach Stillleben und Landschaften verlangt.

In den Niederlanden, die sich von der spanischen Herrschaft befreien konnten, entstand ein erster freier Kunstmarkt. Rembrandt (1606–1669) beispielsweise arbeitete schon, bevor er sich in Amsterdam niederließ, für einen Amsterdamer Kunsthändler. Als er dann selbst in Amsterdam lebte, kamen viele Aufträge für Porträts von Kaufleuten hinzu, deren Reichtum vor allem auf dem prosperierenden Seehandel beruhte. In den Niederlanden erfreute sich nun außerdem die dort schon in der Renaissance durch Pieter Bruegel dem Älteren (1525/27–1569) verbreitete Genremalerei großer Beliebtheit.

Im benachbarten Flandern wurde die Reformation niedergeschlagen, das Land blieb katholisch und unter spanischer Herrschaft. Neben den auch in den Niederlanden verbreiteten Bildthemen wurde hier weiterhin nach Altartafeln verlangt. Der berühmteste Vertreter der niederländischen barocken Malerei, Peter Paul Rubens (1577–1640), verbrachte viel Zeit in Italien und Spanien, bevor er sich in Antwerpen niederließ, sich dort einen Palast errichtete und eine große Werkstatt führte, in der namhafte Künstler

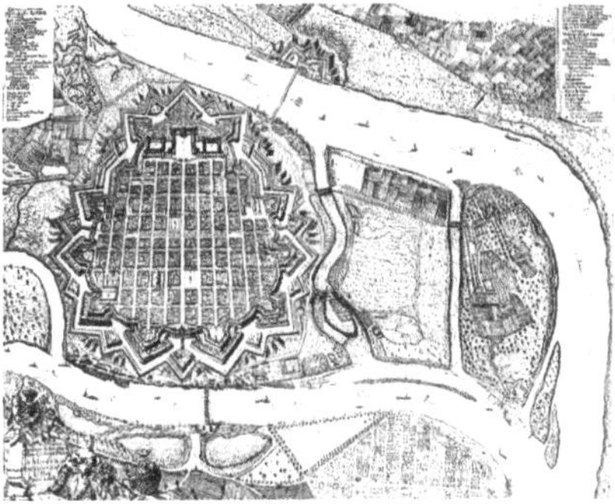

Abb. 26: Joseph Anton Baertls, Stadtplan von Mannheim, 1758, Kupferstich, 61 × 76,5 cm

arbeiteten. Rubens großformatige Gemälde fanden in Kirchen, aber auch in den gewaltigen Schlossbauten Aufnahme, die nun vor allem in Frankreich errichtet wurden.

Die Schlossbauten der Renaissance wurden durch die großen Bauvorhaben der französischen Könige im 17. Jahrhundert an Größe und Pracht weit übertroffen. Der absolutistische Herrscher Ludwig XIV. ließ sich in Versailles, nahe Paris, ein Schloss errichten, das an Größe und Pracht alle bisherigen in Europa bekannten Residenzen übertraf und darüber hinaus nach den Regeln des französischen Hofzeremoniells angelegt war. Zeremoniell und Architektur wurden bald darauf in großen Teilen Europas übernommen, mit zeitlicher Verzögerung auch im deutschen Raum.

Auf deutschem Territorium (und andernorts) hatte der Dreißigjährige Krieg gewütet, weshalb die einzelnen kleineren und größeren Fürstentümer nach dem Westfälischen Frieden von 1648 nicht gleich wieder größere Bauvorhaben in Angriff nehmen konnten. Doch ab der Jahrhundertwende entstanden in Wien und Berlin, in Dresden und Würzburg riesige Schlösser, in Mannheim und Karlsruhe verbunden mit einer ganzen Stadtanlage (Abb. 26). In den katholischen Gebieten kamen Klosteranlagen hinzu, die in ihrer Größe und Prachtentfaltung den Schlössern in nichts nachstanden. Parallel dazu und wiederum von Frankreich ausgehend bildete sich ab etwa 1720 gegen den strengen und wuchtigen Barock eine leichtere Spielart heraus, mit kleinen Lust- und Jagdschlössern, deren Stukkaturen aus Ornamenten und spielerischen Figuren bestanden, ähnlich der Malerei, die bevorzugt Jagd- und Liebesszenen darstellten.

Der Stil erhielt im 19. Jahrhundert den Namen Rokoko. Dieser Begriff ist abgeleitet von einer unregelmäßigen Ornamentform, die im französischen *rocaille* genannt wird und in dieser Zeit sehr häufig Verwendung findet, sei es in der Architektur, sei es als Verzierung von Bilder- oder Spiegelrahmen, im Möbelbau, als Detail bei schmückenden Werken. Das Rokoko breitete sich auch im deutschsprachigen Raum aus und fand sowohl im Schloss- als auch im katholischen Kirchenbau weite Verbreitung.

2.8 Klassizismus, Romantik und Historismus, Realismus und Impressionismus

Barock und Rokoko sind die letzten wirklichen Epochenbezeichnungen. Die folgende Zeit vom ausgehenden 18. bis zum 21. Jahrhundert ist geprägt von verschiedenen parallel verlaufenden Entwicklungen. Sie führten auch zu einer immer größeren Stilvielfalt. Gerade zu Beginn, also im ausgehenden 18. und im 19. Jahrhundert, spielten auch fundamentale Umwälzungen in der Gesellschaft eine große Rolle. Sie wurzelten zum einen ökonomisch in der Industriellen Revolution, geistig in der Aufklärung und politisch in den machtvollen Bürgerbewegungen, die in Frankreich in der Revolution von 1789 ihre stärkste Ausprägung fanden. Es blieb aber nicht bei dieser einen Revolution, da Adel und Bürgertum immer wieder neue Auseinandersetzungen führten.

Die Forderung Johann Joachim Winckelmanns (s. S. 19 ff.) nach einer Rückbesinnung auf die Antike hatte vor allem in der Architektur und in der Skulptur ein Formenvokabular zur Folge, das sich an der Antike orientierte. In der Malerei wurden bevorzugt antike Themen gewählt.

Fast gleichzeitig führte die rationale Herangehensweise an Wissenschaft, die Entwicklung in den Naturwissenschaften und die Mechanisierung im Handwerk zu einer Gegenbewegung, die sich in Literatur und Malerei in romantischen Vorstellungen ausdrückte.

All diese Ende des 18. Jahrhunderts aufkeimenden Vorstellungen setzten sich im 19. Jahrhundert fort. Nun kamen aber auch nationale Bestrebungen hinzu, die in Deutschland und Italien in die Gründung von Staaten mündeten. Jetzt wurden Stile mit Nationalitäten verbunden, also die Gotik mit Deutschland, die Renaissance mit Italien usw., andererseits stellte der badische Regierungsbaumeister Heinrich Hübsch 1828 im Titel eines Aufsatzes die Frage: »In welchem Style sollen wir bauen«, was sich auf die Forderung bezog, je nach Funktion des Gebäudes den Stil zu wählen. So wurden Kirchen eher in neoromanischem oder

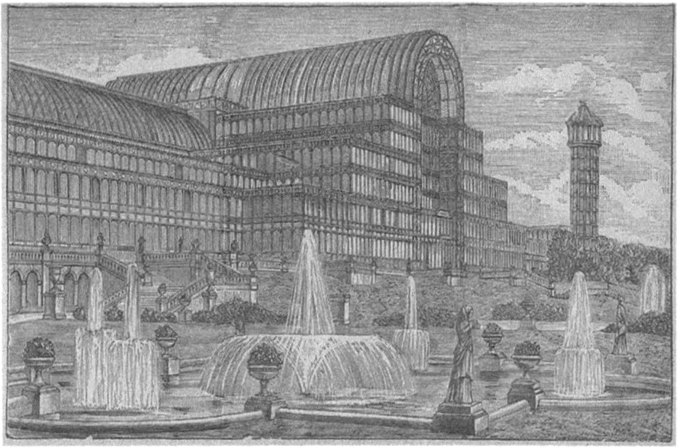

Abb. 27: Joseph Paxton, Kristall-Palast, London, 1886, Radierung

neogotischem Stil gebaut, die neuen Museen je nach Sammlungsgebiet klassizistisch oder im Stil der Neorenaissance. Der plastische Schmuck wurde dann natürlich auch dem jeweiligen Stil angepasst. Eine weitere Aufgabe der Bildhauerei war das Denkmal. Die nationale Identität wurde betont durch die Präsentation von allegorischen Figuren, von Herrschern, von Geistesgrößen und von Ereignissen. Passend dazu entstanden großformatige Bilder, die – häufig in allegorischer Form – den Ruhm eines Landes oder Herrschers darstellten. Außerdem wurden öffentliche Gebäude mit Freskenzyklen ausgestattet, die häufig mythologische Themen zum Inhalt hatten. Hinzu kam eine neue Form des Genre-Bilds mit sozialkritischen Aspekten.

Während sich der Historismus etablierte, wurde die Fotografie erfunden, begannen Künstler in der Natur zu malen, wählten andere alltägliche Themen, die sie zu großen Kompositionen zusammenfügten und so die Wirklichkeit darstellten. Wenig später begannen andere Maler, mit Licht und Farbe zu experimentieren und bemühten sich darum, den Augenblick abzubilden. Mit Realismus und Impressionismus begann die Phase der großen Ismen in der Kunst, Malweisen, die einander im schnellen Wechsel ablösten beziehungsweise parallel weitergeführt wurden. Ebenso errichtete man einerseits bis um die Wende zum 20. Jahrhundert und vereinzelt darüber hinaus Gebäude in historisierenden Stilen, aber bereits Mitte des 19. Jahrhunderts mit dem Kristallpalast in London eine erste Konstruktion aus vorgefertigten Teilen in Glas und Gusseisen (Abb. 27). Das neue Material Gusseisen hatte schon im ausgehenden 18. Jahrhundert beim Eisenbahnbau und bei der ersten Eisengussbrücke in England Verwendung gefunden.

2.9 *Stilvielfalt in der Kunst des 20. Jahrhunderts*

Die Fotografie übernahm angestammte Aufgaben der Malerei und Zeichnung wie Porträt, Veduten (naturgetreue Darstellung einer Landschaft oder Stadt) und Architekturdarstellungen. Andererseits lernte die Malerei von der Fotografie Momentaufnahmen malerisch umzusetzen, Bewegung darzustellen. Sie konnte sich jetzt aber auch stärker vom Gegenstand lösen. Der Protest gegen die nach wie vor dominierende akademische Malweise sowie gegen die autoritären Strukturen, die nicht nur an den Akademien, sondern überall in der Gesellschaft zu finden waren, führte zu neuen Impulsen. Das Neue drückte sich in einer gestischen Malerei mit kräftigen, nicht mit der Realität übereinstimmenden Farben ebenso aus wie in der Zerlegung eines Gegenstands oder einer Figur in einzelne Formen, die aus verschiedenen Perspektiven gezeigt wird. Versuche, Bewegungen bildlich darzustellen, gingen mit der Begeisterung für alles Technische wie die modernen Fortbewegungsmittel einher. Expressionismus, Kubismus und Futurismus mündeten sowohl in der Malerei als auch in plastischen Werken in Abstraktion und Gegenstandslosigkeit. Wenig später kam – ausgelöst durch Proteste gegen den Ersten Weltkrieg – Dada hinzu, was zu einer ersten Erweiterung des Kunstbegriffs führte. Collagen mit oder aus Fotografien, aber auch aus Fundstücken entstanden ebenso wie erste Ready-mades. Die Psychoanalyse und das Buch über die Traumdeutung von Sigmund Freud fanden ihren Niederschlag im Surrealismus, der sich sowohl in abstrakten, automatisch gezeichneten oder gemalten Bildern wie in präzisen gegenständlichen Gemälden manifestierte, die Traumwelten zeigten. Die Diffamierung dieser Formen der modernen Kunst und die Verfolgung der Künstler im Nationalsozialismus führten zu einer Verlagerung des Zentrums nach New York. Hier bildete sich der Abstrakte Expressionismus heraus, geteilt in Action Painting und Farbfeldmalerei. Beide Richtungen fanden nach dem Zweiten Weltkrieg Eingang in die Kunst im westlichen Europa, wobei die expressive Malweise in Frankreich den Namen Tachismus erhielt, in Deutschland hingegen Informel. Der in der Sowjetunion seit den 1930er Jahren vorherrschende sogenannte Sozialistische Realismus wurde jetzt in allen verbündeten Ländern zur Staatskunst erhoben, was aber nicht bedeutete, dass daneben keine anderen Kunstäußerungen entstanden.

Gegen das Diktat der Abstrakten trat Anfang der 1960er Jahre in den USA die Pop-Art an, in deren Gefolge auch andere gegenständliche Bilder wieder größere Akzeptanz fanden. Die Verbindung von Kunst und Leben wurde in Happenings ebenso thematisiert wie in Installationen, in denen teilweise verderbliche Materialien zu Konservierungsproblemen führten. Die Grenzen zwischen Malerei und Bildhauerei sind fließend geworden, ebenso wie die zwischen Malerei und Fotografie.

In der Architektur fand eine Hinwendung zu einer funktionalen Bauweise unter Verzicht auf ornamentalen Schmuck statt. Das in Weimar 1919 gegründete Bauhaus setzte nicht nur in Deutschland, sondern europaweit Maßstäbe. Die zur Emigration gezwungenen Lehrer verbreiteten die funktionale Bauweise nicht nur in den USA, sondern auch in Israel, in der Türkei, in Japan und Südamerika und bewirkten damit einen einheitlichen Baustil über nationale Grenzen hinweg, der deshalb auch zum Internationalen Stil avancierte.

Neben Funktionalismus und Konstruktivismus bildeten sich bereits in der ersten Hälfte des Jahrhunderts weitere Formen heraus, die mit organischer und skulpturaler Architektur umschrieben werden können. All diese Formen hatten nach 1945 Bestand, wurden aber natürlich auch erweitert. Große Erfolge feierten Postmoderne und Dekonstruktivismus. Der zu beobachtenden Vereinheitlichung in der Architektur durch die großen Architekturbüros, die in der ganzen Welt agieren, treten neuerdings Bestrebungen entgegen, sich auf die lokalen Traditionen zu besinnen.

2.10 *Ausblick*

Die Kunstgeschichte als historische Wissenschaft hat bis ins ausgehende 20. Jahrhundert die zeitgenössische Kunst nur rudimentär behandelt. Das hat sich inzwischen ebenso geändert, wie heute andere visuelle Kunstformen einbezogen werden. Die Konzentration auf Europa wurde lediglich insofern erweitert, als europäische Kunstäußerungen während der Kolonialisierung in die kolonisierten Länder exportiert wurden. Hinzu kam US-Amerika als Teil europäischer Kultur. Diese Grenze kann in der heutigen Zeit der Globalisierung nicht mehr aufrechterhalten werden. Die internationale Moderne ist wichtiger Bestandteil der Kunst geworden, nicht nur der Architektur. Das zeigt allein schon die alle fünf Jahre in Kassel stattfindende documenta, die weltweit größte Ausstellung zeitgenössischer Kunst, auf der seit einiger Zeit der Anteil nichteuropäischer Künstlerinnen und Künstler stetig zunimmt.

Doch gibt es auch Bestrebungen, den Eurozentrismus in früheren Epochen zu hinterfragen. So kamen etwa die Voraussetzungen zur Berechnung der Zentralperspektive aus dem arabischen Raum. Es handelte sich dabei nicht nur um die Einführung der Zahl Null, der sich Europa lange verschloss, und im Gefolge um die Übernahme des arabischen Zahlensystems, sondern auch um Abhandlungen, die den Anstoß zur Berechnung der Zentralperspektive gaben. Untersuchungen solcherart werden die Kunstgeschichte dahingehend verändern, dass eine stärkere Zusammenarbeit mit anderen, verwandten Disziplinen vonnöten sein wird, um ähnliche Phänomene auf anderen Gebieten zu untersuchen.

Literatur

Da die meisten Werke zu einer Epoche Einzelbände von Überblickswerken sind, sind sie hier am Ende des Großkapitels zu finden.

Propyläen Kunstgeschichte. 22 Bde. Berlin 1966–83. [Nachdr. Frankfurt a. M. 1985.] *(Inhaltlich zum Teil veraltet, jedoch durch den großen Abbildungsteil eine gute Übersicht über die jeweilige Epoche).*

Kunst-Epochen. Vom frühen Christentum bis zur Gegenwart. 12 Bde. Stuttgart 2002–08. [Teilw. durchges. und bibliograph. erg. Neuaufl. Stuttgart 2018–21.]

Geschichte der bildenden Kunst in Deutschland. 8 Bde. München [u. a.] 2006–09.

Geschichte der Kunst. Von der Antike bis zur Gegenwart. 12 Bde. München 2007–12. [3. Aufl. 2022]

Gombrich, Ernst H.: Die Geschichte der Kunst. 16., erw., neu bearb. Aufl. Berlin 2009; erste dt. Kompaktausg. Berlin 2016. [1. Aufl. Köln 1952.]

Honour, Hugh / Fleming, John: Weltgeschichte der Kunst. München [u. a.] 2000.

Klotz, Heinrich / Warnke, Martin: Geschichte der deutschen Kunst. 3 Bde. München 1998–2000. [2. Aufl. 2003]

Suckale, Robert: Kunst in Deutschland. Köln 1998.

V Sammeln und Bewahren

Die Kunstgeschichte ist ein Fach, das auch aus dem Bedürfnis nach Sammeln und Bewahren entstanden ist. Sammeln ist auch immer mit Ordnen verbunden, und die Ordnung der Sammlungen führte ebenso zur wissenschaftlichen Arbeit wie die Auflistung und Katalogisierung von Monumenten. Vor der Kunstgeschichte gab es also sowohl die Sammlungen, aus denen die Museen entstanden, als auch das Bedürfnis, historische Bauten zu erhalten und zu pflegen, aus dem sich dann die Denkmalpflege entwickelte. Beide Bereiche, die für die Kunstgeschichte eine große Rolle spielen, kommen ohne Erhaltungsmaßnahmen nicht aus. Diese Arbeit wird von Restauratoren geleistet, die häufig auch Kunsthistoriker sind.

1 Das Museum

Das Wort Museum oder griechisch *museion* bezeichnete in der Antike die Tempelbezirke und Haine, die den Musen geweiht waren, also den Schutzgöttinnen der Künste und Töchtern der Mnemosyne, der Göttin der Erinnerung. Die Anzahl der Musen wechselte, sie vertraten aber vor allem verschiedene Sparten von Musik und Dichtkunst, dazu die Geschichtsschreibung und die Astronomie, aber natürlich auch die Philosophie und die Wissenschaften allgemein. Deshalb ist es nur logisch, dass die große Bibliothek in Alexandria und die ihr angeschlossene Schule, in der Gelehrte lebten, forschten und lehrten, in hellenistischer Zeit als *museion* bezeichnet wurde. Diesem Beispiel folgten weitere Institutionen, doch im Zusammenhang mit Kunstwerken tauchte der Begriff erst im 16. Jahrhundert auf, als der Geschichtsschreiber und Arzt Paolo Giovio (1483–1552) seine Sammlung von Porträts als *Musaeum* bezeichnete. Seit damals wurde das Wort für verschiedene Sammlungen benutzt, die Geschichte des Museums als öffentliche Institution beginnt allerdings erst im ausgehenden 18. Jahrhundert.

1.1 Geschichte des Museums

Die Geschichte des Sammelns ist sehr viel älter als die des Museums, das ohne die Lust am Sammeln nie entstanden wäre. Seit wann Menschen Schätze gesammelt haben, wissen wir nicht, seit historischer Zeit sind sie nachweisbar. Im antiken Griechenland gab es einerseits Schatzhäuser (*thesairoi*), dann aber auch öffentlich zugängliche Pinakotheken (Bildersammlungen). Die wohlhabenden Römer sammelten sowohl griechische Skulpturen oder deren Kopien als auch Gemälde. Seit dem Mittelalter sind kirchliche und fürstliche Schatzkammern überliefert, zu denen dann in der Renaissance Sammlungen bestimmter Gegenstände wie Münzen oder Gemmen hinzukamen, außerdem unterschiedliche Orte wie Galerien für Gemälde und Statuen (in den Uffizien in Florenz, in Schloss Fontainebleau in Paris), Studierzimmer für kleinere Gegenstände wie Kleinbronzen, aber auch naturkundliche Funde (Studiolo des Federico da Montefeltro, 1422–1482, in Urbino oder der Isabella d'Este, 1474–1539, in Mantua) und Gärten für lebende Pflanzen (öffentlicher Botanischer Garten in Pisa, Garten der Heilkräuter in Florenz). Es gab aber auch den einen Ort für verschiedene Sammlungen, Kunst- und Wunderkammer genannt, ein Begriff, der wohl in Wien geprägt wurde.

Mit der Zeit bildeten sich verschiedene Möglichkeiten von Ordnungsprinzipen heraus, die durch erhaltene Inventare nachvollzogen werden können. In den großen fürstlichen Bildersammlungen des Barock wurden dann die Gemälde alle Wände bedeckend gehängt, so wie sie uns durch zeitgenössische Bilder überliefert sind.

Neue Erkenntnisse über die Einordnung und Klassifizierung von Kunstwerken zum Beispiel durch Johann Joachim Winckelmann (s. S. 19 ff.) führten zu neuen, wissenschaftlich begründeten Ordnungen, aber auch zur Forderung nach Öffnung der Sammlungen, der einige Fürsten nachkamen, allerdings stark eingeschränkt, wie auch die entscheidenden Schritte hin zur öffentlichen Sammlung nur zögerlich stattfanden: 1753 wurde das British Museum in London gegründet und die Sammlung ab 1759 in einem Herrenhaus präsentiert. Allerdings ist die Behauptung, es habe sich hierbei um das erste öffentlich zugängliche Museum gehandelt, nur sehr eingeschränkt richtig, da man sich Wochen vorher anmelden musste, für zwei Stunden eingelassen wurde und dazu noch ein enorm hohes Eintrittsgeld zu zahlen hatte.

Ähnlich verhielt es sich mit anderen fürstlichen Sammlungen. So war das 1779 nach zehnjähriger Bauzeit vollendete Fridericianum in Kassel zwar das erste als Museum gebaute Haus (Abb. 28), damit war aber nicht gesagt, dass die Öffentlichkeit ungehinderten Zutritt hatte. Das änderte sich erst nach der Französischen Revolution von 1789. Auf die Verstaatlichung des königlichen Besitzes folgte auch der Beschluss, die Große Galerie des Pariser Königsschlosses,

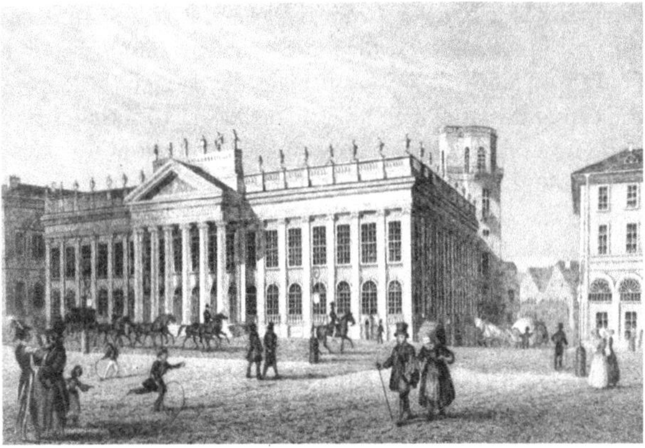

Abb. 28: Simon Louis du Ry, Fridericianum in Kassel 1769–76, Stahlstich, um 1850

des Louvre, in ein Museum umzuwandeln, das 1793 unter dem Namen Musée Français eröffnet wurde und jetzt wirklich dem Publikum offenstand. In der Folge wurden viele Museen und Kunsthallen gegründet. Sie gingen nicht alle aus fürstlichen Sammlungen hervor. Manche wurden von Bürgern gestiftet oder mitfinanziert.

Nach der Säkularisierung kam das Sammeln von Kirchenschätzen hinzu. Berühmtes Beispiel für die Rettung von sakralen Werken sind die Brüder Sulpiz (1783–1854) und Melchior (1786–1851) Boisserée aus Köln, die Altarbilder aus aufgelassenen Kirchen und Klöstern käuflich erwarben oder auch davor retteten, vernichtet zu werden. Ihre enorme Sammlung an altdeutschen und niederländischen Gemälden boten sie später verschiedenen Herrschern zum

Kauf an. König Ludwig I. von Bayern erwarb die Sammlung 1827 für die Alte Pinakothek, die sich seit 1826 im Bau befand (Eröffnung 1836). Es war nicht die einzige Museumsgründung Ludwigs. Bereits 1816, noch als Kronprinz, hatte er den Bau der Glyptothek veranlasst, um seine Antikensammlung zu präsentieren. Dann folgte die Pinakothek, die den Zusatz »Alte« erhielt, als 1846 mit dem Bau der Neuen Pinakothek das erste Museum für zeitgenössische Kunst entstand. Kurze Zeit später, 1852, wurde in London das erste Museum für Kunstgewerbe eingerichtet. Im Verlauf des 19. Jahrhunderts kamen andere Museen hinzu, beispielsweise ethnografische, prähistorische oder technische, die allerdings für die Kunstgeschichte nicht vordringlich von Bedeutung sind.

Die Kunstmuseen hatten großen Anteil an der Herausbildung der Kunstgeschichte als wissenschaftlicher Disziplin (s. S. 23 ff.), sie waren aber auch von Anfang an Mittler und förderten das Wissen um die Bildende Kunst. Ebenso wie sich die Wissenschaft änderte und immer wieder neue Aspekte bei der Analyse der Kunstwerke Beachtung fanden (s. Kap. III, S. 68 ff.), änderten sich auch die Gepflogenheiten der Museen. Zu den Schausammlungen kamen die Studiensammlungen hinzu, Sammlungsschwerpunkte wurden gebildet, die Ordnungskriterien änderten sich ebenso wie diejenigen der Hängung und der Präsentation allgemein.

Die Museumsgründungen nach dem Zweiten Weltkrieg waren natürlich keine ehemaligen Fürstensammlungen mehr. Nun stiftete eine neue Generation von Sammlern, die meistens dem Bürgertum entstammten, ihre Schätze einer Stadt und erwarteten dafür einen repräsentativen

Bau, der mit dem eigenen Namen geschmückt ist. Das Museum Ludwig in Köln ist nur eines von vielen prominenten Beispielen in Deutschland. Außerdem wurden immer häufiger Neubauten und Anbauten vonnöten, um die ständig wachsenden Sammlungen besser und zeitgemäß präsentieren zu können.

Ende der 1960er Jahre geriet das Museum in eine Krise. Kritiker bemängelten, dass die Museen sich nur an eine kleine Kennerschaft wenden, Steuergelder nur für das Forschen, Sammeln und Bewahren ausgegeben würden, nicht aber für die doch so notwendige Vermittlung. Eine Tagung im Jahr 1975 mit dem Titel »Das Museum: Lernort contra Musentempel« brachte es auf den Punkt, allerdings gingen die Meinungen, wie man Menschen aus allen Bevölkerungsmilieus zu interessierten Museumsbesuchern machen könnte, sehr weit auseinander. Während die einen bei den öffentlichen Einweihungen Freibier anboten, versuchten andere mit langen erklärenden Texten das Publikum zu locken. Beide Ansätze erfuhren berechtigte Kritik.

Bereits 1946 wurde ICOM (International Council of Museums) gegründet, ein Verband, der sich als weltweites Netzwerk für alle Arten von Museen versteht und den Begriff des Museums 2006 folgendermaßen definierte: »Ein Museum ist eine gemeinnützige, auf Dauer angelegte, der Öffentlichkeit zugängliche Einrichtung im Dienste der Gesellschaft und ihrer Entwicklung, die zum Zwecke des Studiums, der Bildung und des Erlebens materielle und immaterielle Zeugnisse von Menschen und ihrer Umwelt beschafft, bewahrt, erforscht, bekannt macht und ausstellt.«

1.2 *Heutige Aufgaben der Museen*

Die Museen von heute können auch als Laboratorien bezeichnet werden. Sie sind tatsächlich Lernorte geworden, in denen die Vergangenheit so aufbereitet wird, dass man sie sich ohne große Anstrengung aneignen kann. Das geschieht in erster Linie durch Audioguides, die durch die Sammlung oder Ausstellung führen und das für manche Besucher lästige Lesen ersetzen. Für eine eingehende Beschäftigung mit dem Thema finden sich aber dennoch häufig zusätzlich Begleittexte, die leicht zu verstehen sind. Dazu vertiefen Filmvorführungen, audiovisuelle und interaktive Präsentationen auf Bildschirmen oder andere Hilfsmittel das Gesehene. Zu diesen für den Laien heute selbstverständlichen Angeboten treten wissenschaftliche Symposien, in denen Probleme behandelt werden, die zum Beispiel während der Vorbereitung zu einer Ausstellung zu Tage traten oder aber durch einen Ankauf bzw. einen Fund im Depot ausgelöst wurden. Denn trotz des heute immer weiter in den Vordergrund getretenen Bildungsauftrags ist das Museum auch und vor allem eine wissenschaftliche Forschungsstätte, in der die Kunstwerke nicht nur gesammelt und bewahrt, sondern auch wissenschaftlich untersucht und eingeordnet werden.

Die Arbeit mit den Originalen und vor allem die Gegenüberstellung von Originalen, die in ihrem ursprünglichen Zusammenhang niemals möglich gewesen wäre (etwa weil sie in verschiedenen Kirchen als Altarbilder fungierten oder sich in unterschiedlichen fürstlichen Sammlungen beziehungsweise anderen, sogar öffentlichen Orten wie Rathäusern befanden), bietet ungeheure Chancen, darf aber die ursprüngliche Funktion eines Kunstwerks (nicht nur der Malerei, sondern auch der Bildhauerei) nicht außer acht lassen.

Zu der Sammlung eines Hauses kommen die Wechselausstellungen hinzu, die Aspekte der Sammlung hervorheben, bestimmte Themen vertiefen oder einen Künstler in besonderer Weise behandeln sollen. Diese Ausstellungen verbinden im besten Fall wieder den Bildungsauftrag mit der Forschung, vermitteln also den Laien Sinn und Zweck der Ausstellung und bieten gleichzeitig ein Forum für die fachliche Auseinandersetzung. Allerdings werden vielen Museen seit geraumer Zeit von ihren öffentlichen Trägern Gewinnmaximierungen diktiert. Das widerspricht nicht nur den Forderungen von ICOM, sondern führt auch dazu, Ausstellungen anzubieten, die Erlebnischarakter besitzen und vor allem darauf abzielen, die Massen ins Museum zu holen. Dafür ist dann eher eine gute Werbestrategie nötig als ein wirklich fundiertes Ausstellungskonzept. Hinzu kommt, dass darunter nicht nur die ständige Sammlung leidet, weil es an Zeit und Geld für die weitere Katalogisierung und Untersuchung mangelt, sondern auch die einzelnen Kunstwerke Schaden nehmen, weil sie sich ununterbrochen auf Reisen befinden, um in dieser oder jener Ausstellung gezeigt zu werden. Museen mit großen und bedeutenden Sammlungen haben es leichter, von anderen Häusern Exponate zur Verfügung gestellt zu bekommen, weil sie sich revanchieren können. Kleinere Häuser oder gar Kunsthallen, die über keine eigene Sammlung verfügen, tun sich da erheblich schwerer.

Doch dieses vor allem in den 1990er und 2000er Jahren überhandnehmende Phänomen ist inzwischen aufgrund der Erkenntnis, dass die Kunstwerke dadurch massiv gefährdet sind, wieder rückläufig. Die heutigen Herausforderungen für die Museumsarbeit wurden von ICOM und dem Deutschen Museumsbund in der Broschüre *Standards für Museen* zusammengefasst, die man sich zuschicken lassen oder im PDF-Format herunterladen kann. Außerdem finden sich weitere Informationen rund um das Museum auf den Seiten vom ICOM und dem Deutschen Museumsbund ebenso wie ausführliche Literaturlisten.

1.3 *Kunsthistoriker im Museum*

Nachdem die Kunsthistoriker die Künstler als Sammlungsleiter abgelöst hatten (s. Kap. II 4.2), war das Museum eines der drei großen Berufsfelder für angehende Kunsthistoriker. Nach einem zweijährigen Volontariat, in dem man all das lernte, was einem an der Universität nicht beigebracht worden war, weil dort der praktische Umgang mit den Kunstwerken nicht gelehrt wurde, konnte man zum Kustos aufsteigen, selbst verantwortlich für einen Teil der Sammlung sein und bestenfalls als Leiter eines kleineren oder größeren Hauses die Karriere beschließen.

Dieses gängige Bild änderte sich im Lauf der Zeit. Um überhaupt eine Chance auf ein Volontariat zu haben (für das die Promotion, manchmal inzwischen auch Magister oder Master Voraussetzungen sind), sind heute (meist unbezahlte!) Praktika während des Studiums sowie Zusatzstudiengänge wie Museologie, Museumskunst, Museumsmanagement oder eine Befähigung zur Pressearbeit empfehlenswert. Denn im Kunstmuseum arbeiten heute nicht nur Kunsthistoriker, sondern auch Museumspädagogen, die sowohl ein Kunstgeschichtsstudium als auch ein Kunsterzieherstudium absolviert haben können sowie Pressereferenten, die neben ihrer Ausbildung als Kunsthistoriker meistens noch im Journalismus tätig waren. Außerdem gibt es in größeren Museen häufig eine Doppelspitze: eine wissenschaftliche Leitung und eine, die das Management abdeckt. Dazu kommen die Wissenschaftler, die einen Teil der Sammlung betreuen und die außerdem für Ausstellungen verantwortlich zeichnen. Allerdings hat hier inzwischen ein Begriffswechsel stattgefunden. Das Wort Kustos, ›Wächter‹, das aus dem Lateinischen stammt, wurde von dem des Kurators abgelöst, das ebenfalls aus dem Lateinischen hergeleitet ist (›pflegen, sich sorgen‹). Allerdings hat mit dem Wortwechsel, der gar nicht so bemerkenswert erscheint, auch ein Bedeutungswechsel stattgefunden. Zum Kurator wurde das Verb »kuratieren« gebildet, das die Fähigkeit, kreativ zu arbeiten, einschließt. Mit der Pflege und Sorge um Kunstwerke hat das Kuratieren weniger zu tun als mit der Inszenierung von Ausstellungen. Doch die hochdotierten freien Kuratoren sind eine kleine Minderheit. Die meisten Kuratoren erfüllen weiterhin die Aufgaben, die Kustoden früher wahrnahmen: Wächter über die Museumssammlungen zu sein. Häufig wird das Berufsbild des Kurators aufgrund des hier erläuterten Unterschieds falsch eingeschätzt.

Literatur

Grasskamp, Walter: Museumsgründer und Museumsstürmer. München 1981.

– Das Kunstmuseum. Eine erfolgreiche Fehlkonstruktion. München 2016.

Korff, Gottfried: Museumsdinge: Deponieren – Exponieren. Hrsg. von Martina Eberspächer [u. a.]. Köln [u. a.] [2]2007.
Savoy, Bénédicte (Hrsg.): Die Geburt des öffentlichen Museums in Deutschland 1701–1815. Mainz 2006.
Rohmeder, Jürgen: Methoden und Medien der Museumsarbeit. Köln 1977.
Spickernagel, Ellen / Walbe, Brigitte (Hrsg.): Das Museum. Lernort contra Musentempel. Gießen 1976.
Waidacher, Friedrich: Handbuch der Allgemeinen Museologie. Wien [u. a.] 1993.

2 Die Denkmalpflege

Das Wort Denkmal wird in zwei unterschiedlichen Bereichen angewendet. Zum einen handelt es sich um ein Objekt, das an ein Ereignis oder eine Person erinnert, meist an einem öffentlichen Ort aufgestellt ist und in den Bereich der Bildhauerei gehört, manchmal auch verbunden mit architektonischen Elementen. Andererseits wird der Begriff, gerade zusammen mit dem Wort Pflege, auf einzelne Gebäude oder Ensembles bezogen, die aufgrund ihrer Bedeutung unter Schutz stehen und der Pflege bedürfen, um erhalten zu bleiben. Bei diesen Baudenkmälern findet sich die Hauptaufgabe der Denkmalpflege.

Ebenso wird auch der im Englischen und den romanischen Sprachen gebräuchliche Begriff des Monuments auf beide Bereiche bezogen. Abgeleitet vom lateinischen *monumentum* ›Erinnerungszeichen‹ heißt im Englischen das Wort *monument* ›Denkmal‹ und ›Baudenkmal‹, die Denkmalpflege beziehungsweise der Denkmalschutz *monument preservation* oder *monument protection*. Ähnlich ist dies im Italienischen oder Französischen, allerdings werden die denkmalgeschützten Gebäude in Italien auch als *beni culturali* ›Kulturgüter‹ bezeichnet.

2.1 *Geschichte der Denkmalpflege*

Ohne die bewusste Erhaltung und damit auch Pflege von bedeutenden Bauwerken wären viele Gebäude, die heute die Wahrzeichen von Städten oder anderen Orten sind, die wir selbstverständlich zu unseren Kulturgütern zählen, längst verfallen oder in Zeiten des Umbruchs zerstört worden. So wurden die antiken Tempel während der Christianisierung zum Teil durch Erlasse und Verbote der römischen Kaiser geschützt, zum Teil aber auch in Kirchen umfunktioniert wie das Pantheon in Rom. Ein anderes berühmtes Beispiel ist die Hagia Sophia, die nach der Eroberung Konstantinopels durch die Türken 1453 nicht zerstört, sondern in eine Moschee umgewandelt wurde. Das besondere hierbei ist, dass dadurch nicht nur eine Kirche, die im 6. Jahrhundert gebaut wurde, erhalten blieb, sondern sie darüber hinaus auch noch Vorbildcharakter für den Moscheenbau in der Türkei bekam.

Die Liste solcher Beispiele ließe sich beliebig fortsetzen, doch handelt es sich natürlich um Einzelfälle. Der Beginn einer Denkmalpflege im heutigen Sinne wurde durch das neu gewachsene Nationalbewusstsein der einzelnen Länder in Europa befördert, aber auch durch die Säkularisierung, der nicht nur die Inventare, sondern auch die Kirchen selbst zum Opfer fielen. Ebenso wie Altarbilder durch vorausschauende Sammler wie die Brüder Boisserée (s. S. 181) erhalten blieben, setzten sich Architekten für den Erhalt der Kirchen selbst ein. In Frankreich sind die Anfänge der Denkmalpflege eng mit dem Namen Eugène Viollet-le-Duc (1814–1879) verbunden, in dem damals noch aus mehreren Ländern bestehenden Deutschland mit dem von Friedrich Schinkel (1781–1841) für Preußen, Friedrich Weinbrenner (1766–1826) für Baden oder Carl Alexander Heideloff (1789–1865) vor allem für das zu Bayern gehörende Franken. Auf sie folgten die Theoretiker Alois Riegl (s. S. 38) und Georg Dehio (s. S. 35), durch die Standards für eine einheitliche Denkmalpflege festgesetzt wurden. Hierbei räumte man der Konservierung Vorrang vor der Restaurierung ein. Mit dem Ende des Zweiten Weltkriegs gründete sich mit der UNESCO (United Nations Educational, Scientific and Cultural Organization) eine übernationale Organisation, durch die der Begriff des Weltkulturerbes verbreitet wurde. Das zur UNESCO gehörende ICOMOS (International Council on Monuments and Sites) dient der internationalen Zusammenarbeit der Denkmalpfleger und ihrer Behörden und wurde 1965 gegründet, nachdem 1964 mit der Charta von Venedig die internationalen Richtlinien in der Denkmalpflege festgelegt worden waren, die bis heute gültig sind. Die Präambel beginnt mit den Worten: »Als lebendige Zeugnisse jahrhundertealter Traditionen der Völker vermitteln die Denkmäler in der Gegenwart eine geistige Botschaft der Vergangenheit. Die Menschheit, die sich der universellen Geltung menschlicher Werte mehr und mehr bewußt wird, sieht in den Denkmälern ein gemeinsames Erbe und fühlt sich kommenden Generationen gegenüber für ihre Bewahrung gemeinsam verantwortlich. Sie hat die Verpflichtung, ihnen die Denkmäler im ganzen Reichtum ihrer Authentizität weiterzugeben« (Charta von Venedig; Übersetzung von 1989 durch Ernst Bacher, Präsident des ICOMOS Nationalkomitees Österreich, Ludwig Deiters, Präsident des ICOMOS Nationalkomitees Deutsche Demokratische Republik, Michael Petzet, Präsident des ICOMOS Nationalkomitees Bundesrepublik Deutschland, und Alfred Wyss, Vizepräsident des ICOMOS Nationalkomitees Schweiz).

2.2 *Heutige Aufgaben der Denkmalpflege*

»Denkmäler sind als lebendige Zeugnisse jahrhundertealter Geschichte und Kultur Vermittler zwischen Vergangenheit und Gegenwart. Denkmalpflege bedeutet die theoretische und praktische Auseinandersetzung mit diesen Bau- und Kunstwerken aus vergangener Zeit, die es einzugliedern gilt in das jeweils gegenwärtige Leben durch bewusste Erhaltung, Erforschung, Restaurierung und angemessene Nutzung unter Beibehaltung des gesamten Reichtums ihrer Authentizität« (Hubel 2006, S. 13).

Mit diesen Worten sind die heutigen Aufgaben der Denkmalpflege knapp und präzise umrissen. Sie werden in Deutschland von den Landesdenkmalämtern übernommen. Dort werden die zu schützenden Denkmäler inventarisiert, wobei erst einmal festgelegt werden muss, bei welchen Gebäuden es sich um Denkmäler handelt. Die Definition hat sich immer wieder geändert, nicht nur, weil immer wieder andere Zeitpunkte festgelegt werden, ab wann Bauten geschützt werden sollen, sondern auch welche. So war es früher selbstverständlich, dass die repräsentativen Bauten, also Kirchen, Klöster, Schlösser, Paläste, Burganlagen, Rathäuser unter Denkmalschutz gestellt wurden. Heute sind es auch Wohnhäuser aller sozialen Milieus, sowie Bauernhöfe, Werkstätten von Handwerkern oder Industrieanlagen. Hinzu kommen Bodendenkmäler, also archäologische Funde, Gärten und Parkanlagen. Was alles als Denkmal ausgewiesen ist, kann in den Inventaren der einzelnen Denkmalpflegeämter eingesehen werden. Diese Inventare sind in gedruckter Form einsehbar, inzwischen aber auch meistens im Internet zugänglich.

In den großen Denkmalpflegeämtern arbeiten nicht nur Kunsthistoriker, sondern auch Archäologen, Vor- und Frühgeschichtler sowie Architekten, Bauingenieure, Geodäten und Restauratoren. Sie alle sind an der Inventarisierung der Denkmäler beteiligt, wobei die Archäologen die Bodendenkmäler erfassen, die Kunsthistoriker die Baudenkmäler, unterstützt von Architekten und Restauratoren. Hinzu kommen zum Beispiel bei den Kirchen die Ausstattungen. Die einzelnen Bauten müssen auf Schäden geprüft, Umbaumaßnahmen der Besitzer genehmigt werden. Das alles erfordert nicht nur große Kompetenzen, sondern auch Präsenz an verschiedenen Orten. Die Gebietsreferenten müssen also immer wieder in andere Orte ihres Gebiets fahren, um Schäden aufzunehmen, Baumaßnahmen zu genehmigen oder zu kontrollieren und ähnliches mehr.

Zu den staatlichen Denkmalpflegeämtern kommen außerdem noch solche hinzu, die bei den Kirchen angesiedelt sind, also etwa bei verschiedenen Diözesen.

2.3 *Kunsthistoriker in der Denkmalpflege*

Ähnlich wie im Museum wurden auch in der Denkmalpflege viele Aufgaben, die erst in der Hand der Praktiker, in diesem Fall der Architekten, lagen, von Kunsthistorikern übernommen. Allerdings sind in der Denkmalpflege weiterhin Architekten vonnöten so wie eben auch Vertreter ganz anderer Berufe. Ebenso wie im Museum werden in den Denkmalpflegeämtern Volontariate angeboten, in denen die Ausbildung vervollständigt wird. Zudem gibt es einen Masterstudiengang in Denkmalpflege, der einen dann befähigt, in einer dieser Institutionen zu arbeiten.

Literatur

Hubel, Achim: Denkmalpflege. Geschichte, Themen, Aufgaben. 4., akt. und erw. Aufl. Stuttgart 2019.

Huse, Norbert (Hrsg.): Denkmalpflege. Deutsche Texte aus drei Jahrhunderten. München [3]2006.

Scheurmann, Ingrid (Hrsg.): ZeitSchichten. Erkennen und erhalten. Denkmalpflege in Deutschland. München/Berlin 2005.

– (Hrsg.): Kommunizieren – Partizipieren, neue Wege der Denkmalvermittlung. Dokumentation der Tagung des Deutschen Nationalkomitees für Denkmalschutz. Bonn 2012.

Will, Thomas: Kunst des Bewahrens. Denkmalpflege, Architektur und Stadt. Berlin 2020.

Internet: UNESCO, ICOMOS, sämtliche Landesdenkmalämter.

3 Restaurierung

Das Wort Restaurator stammt aus dem Lateinischen. Das Verb *restaurare* bedeutet ›wiederherstellen, erneuern‹, beschreibt damit aber nur unzureichend das Berufsfeld.

Kunsthistoriker sind in vielen Bereichen auf das Wissen der Restauratoren angewiesen, die aufgrund ihrer Ausbildung ein Kunstwerk technisch analysieren und damit Informationen über die Machart oder die Datierung liefern können. Darüber hinaus sind sie in der Lage, Kunstwerke so zu konservieren, dass diese keinen weiteren Schaden nehmen; aber die Restauratoren können auch, wenn nötig, Schäden ausbessern. Das Sammeln und Bewahren ist also ein Aufgabenfeld sowohl für Kunsthistoriker als auch für Restauratoren.

Es gibt bei den Restauratoren natürlich die unterschiedlichsten Spezialisierungen. Ein Papierrestaurator hat ein anderes Wissen als ein Gemälderestaurator. Das ist bei den Spezialisten für Metall, Stein, Holz, Bilderrahmen, Keramik, Glas und viele andere Materialien nicht anders.

Restaurieren kann man als Handwerk erlernen oder studieren. Bei einem Studium werden auch Grundkenntnisse in der Kunstgeschichte vermittelt, damit die Restauratoren bei der Analyse von Kunstwerken eigenständig eine erste kunsthistorische Einschätzung vornehmen können. Generell ist jedoch eine Zusammenarbeit von Kunsthistorikern und Restauratoren – gerade in Museen und in der Denkmalpflege – unerlässlich. Deshalb haben sowohl die Landesdenkmalämter als auch die größeren Museen Restaurierungsabteilungen. Hinzu kommen freie Restauratoren, die für kleinere Museen, aber auch für private Sammler, Auktionshäuser, Galerien, Kirchen und andere Institutionen arbeiten.

Weitergehende Informationen zu den Restauratoren finden sich beim Verband der Restauratoren (VDR) oder beim Bund freier Restaurierungswerkstätten (BFR) sowie natürlich bei allen größeren Restaurierungs-Institutionen, wie dem zu den Staatlichen Museen zu Berlin gehörenden Rathgen-Forschungslabor oder dem zu den Bayerischen Staatsgemäldesammlungen gehörenden Doerner-Institut in München.

VI Forschungsmöglichkeiten und Arbeitsmittel

Am Beginn einer Beschäftigung mit einem Kunstwerk und dessen Analyse steht die Aneignung des bereits bekannten Wissens. Der Blick ins Internet und auch die ausführliche Suche dort kann den Gang in die Bibliothek immer noch nicht ersetzen, denn die meisten neueren Publikationen stehen nicht im Netz, sondern sind nach wie vor nur als Buch verfügbar. Dennoch wird die Recherche erst einmal im Internet beginnen.

1 Das Internet

Die Suche nach einem Künstler oder einem Werk über eine Suchmaschine mag zwar einen gewissen Erfolg haben, doch ist das daraus gewonnene Wissen oft nicht zitierfähig. Im offenen Lexikon Wikipedia etwa kann jeder Internetnutzer jederzeit Änderungen vornehmen. Die Qualität der Angaben ist deswegen unterschiedlich und nicht nachprüfbar. Wikipedia ist daher als Quellenangabe nicht erlaubt. Insgesamt erfordert es eine gute Kenntnis der Webseiten und ihrer Anbieter, um Zitierfähiges und Ungeeignetes zu unterscheiden. Seiten bekannter Institutionen sind in der Regel zuverlässiger als private Homepages.

Erfolgversprechender ist die Recherche in einem Bibliothekskatalog. Dabei sollte man sich zuerst nicht auf den Katalog der Instituts- oder Universitätsbibliothek des Orts beschränken, an dem man studiert, sondern den gemeinsamen OPAC (Online Public Access Catalogue) der vier Fachbibliotheken in Florenz (Kunsthistorisches Institut), München (Zentralinstitut für Kunstgeschichte), Paris (Deutsches Forum für Kunstgeschichte) und Rom (Biblioteca Hertziana) konsultieren, der unter dem Namen *kubikat* zu finden ist. Erstens ist der Buchbestand größer als in jeder anderen deutschen kunsthistorischen Bibliothek, zweitens werden sehr viele Aufsätze in Zeitschriften und Sammelschriften katalogisiert, und drittens wird man in diesem Katalog auch über die Schlagwortsuche (z. B. Porträt, Geburt Christi, Franziskaner) fündig. Hinzu kommt, dass man zum Beispiel über die Seite des Zentralinstituts für Kunstgeschichte (www.zikg.eu) weitere kunsthistorische Kataloge wie den virtuellen Katalog Kunstgeschichte finden und benutzen kann, außerdem Fachdatenbanken, kunsthistorische Portale, elektronische Zeitschriften und Bilddatenbanken. Bei den kunsthistorischen Portalen findet sich unter anderem www.arthistoricum.net, ein Portal, über das man ältere Literatur und kunsthistorische Quellenschriften digital lesen kann. Außerdem sind von dort aus weitere Bilddatenbanken und Diskussionsforen zugänglich. Doch für die überwiegende Zahl an kunsthistorischer Fachliteratur ist der Gang in die Bibliothek unumgänglich.

2 Die Bibliotheken

Die Bibliothek ist nach wie vor der zentrale Ort für eine wissenschaftliche Recherche. Jedes kunsthistorische Institut verfügt über eine Fachbibliothek. Selten ist diese in die Universitätsbibliothek integriert. Je nach Größe des Instituts variiert natürlich auch der Umfang der Bibliothek. Etliche Bücher müssen über Fernleihe bestellt werden. Das heißt, dass man sie über die eigene in einer anderen Bibliothek bestellt. Das funktioniert meist sehr gut. Es gibt Präsenzbibliotheken, in denen man keine Bücher entleihen darf, sondern sie nur vor Ort lesen kann. Es gibt Bibliotheken, in denen (fast) alle Bücher zur freien Benutzung im Regal stehen (Freihand-Bibliothek), und es gibt solche, bei denen man die meisten Bücher bestellen muss, sie dann aber häufig auch nur im Lesesaal benutzen darf. Nachschlagewerke stehen meistens im Freihandbereich. Sie bieten eine erste Information über einen Künstler, eine Epoche, eine Gattung.

Bei der Freihandbibliothek sind die Bücher in größeren Bibliotheken meist thematisch geordnet. Da gibt es dann den Bereich der Topographie, in dem sich die Bücher befinden, die ein bestimmtes Monument behandeln. Diese Bücher sind häufig erst nach Ländern und dann alphabetisch nach Orten gegliedert. Hier finden sich auch die Inventare der Denkmalpflegeämter, die für einige Orte inzwischen zudem online verfügbar sind.

Bei den Monographien handelt es sich um Bücher zu einzelnen Künstlern. Sie sind auch meistens alphabetisch geordnet. Hinzu kommen Museumskataloge, in denen eine Sammlung oder Teile von ihr behandelt werden, sowie Ausstellungskataloge, die sich mit bestimmten Themen auseinandersetzen. Ausstellungskataloge über einen Künstler findet man eher bei den Monographien. Dann gibt es noch ikonografische Werke, Kunsttheorien, Buchmalerei, Grafik und Kunsthandwerk sowie Zeitschriften und Aufsatzsammlungen.

Wie finde ich jetzt das Buch, das ich suche?

Jede Bibliothek besitzt einen Katalog. Früher bestand dieser aus Zetteln, heute befindet er sich im Computer und ist häufig online zugänglich, das heißt ich kann schon von zu Hause aus recherchieren. Doch viele Bibliotheken besitzen nur einen Katalog, in dem die Bücher nach Autoren geordnet sind. Wenn man beispielsweise etwas über den Hochaltar von Santa Maria Novella erfahren möchte, den Domenico Ghirlandaio (1449–1494) malte und dessen Mitteltafel sich heute in der Alten Pinakothek in München befindet, muss ein anderer Weg eingeschlagen werden. Hilfreich sind hierbei Bibliographien. In ihnen ist die kunsthistorische Fachliteratur nach verschiedenen Gebieten aufgeführt. Die dicken Bücher, die es auch immer noch gibt, sind längst abgelöst worden von Online-Bibliographien, die man zum Beispiel über die Seite des Zentralinstituts für Kunstgeschichte findet, auf der sich die Fachportale befinden. Doch nicht alle sind frei verfügbar. Dann muss man doch wieder auf die Bibliographien in Buchform zurückgreifen. Man kann aber natürlich auch im bereits erwähnten Online-Katalog *kubikat* suchen und dann überprüfen, ob sich die gefundene Literatur in der eigenen Bibliothek befindet. Es empfiehlt sich, erst einmal die neu erschienene Literatur zu lesen, weil dort häufig die ältere Literatur zitiert ist.

Wie sich die Suche in der eigenen Bibliothek gestaltet, ist von Fall zu Fall unterschiedlich. Für Erstsemester werden häufig Einführungen in das wissenschaftliche Arbeiten angeboten. Oft findet man auch auf der jeweiligen Institutsseite Tips und Links.

3 Das Studium vor Originalen

Informationen über Kunstwerke gewinnt man vor allem durch die Sekundärliteratur. Man sollte dabei aber nicht die Arbeit vor den Originalen vergessen. Da ist Eigeninitiative vonnöten. Nicht nur die Kenntnis der Museen, die sich am Ort befinden, ist wichtig, sondern auch die der großen Museen anderenorts. Reisen sind also unumgänglich. Zum einen verschafft man sich so einen Überblick über verschiedene Epochen, zum anderen ist gerade in Museen das vergleichende Schauen möglich. So kann man in einem Raum, in dem sich Bilder der frühen Niederländer befinden, Unterschiede und Gemeinsamkeiten herausarbeiten. Fragen, die sich vor den Bildern nicht beantworten lassen, kann man sich notieren und dann in der Bibliothek das fehlende Wissen ergänzen.

Nicht anders erwirbt man sich das notwendige Wissen in der Baugeschichte und Architektur: Der Besuch von Kirchen, Schlössern, Palästen und anderen Bauwerken ist angezeigt. Vor allem in der Gruppe lernt man gut, ein Bild oder eine Skulptur zu beschreiben, ein Bauwerk zu analysieren. Diese Fähigkeiten eignet man sich auch in Seminaren, die vor Originalen abgehalten werden, oder auf Exkursionen an.

Arbeiten auf Papier, also Zeichnungen und Druckgrafiken sind selten über einen längeren Zeitraum ausgestellt, weil sie sehr lichtempfindlich sind. In den Grafischen Sammlungen kann man sich die meisten Blätter vorlegen lassen, um sie zu betrachten. Will man sich Notizen machen, muss man einen Bleistift oder den Laptop dabeihaben. Kugelschreiber, Füller oder ähnliches sind in Grafischen Sammlungen verboten. Manchmal muss man auch Handschuhe anziehen, um die Blätter nicht zu beschädigen.

Wertvolle Handschriften mit Buchmalereien befinden sich vor allem in den Handschriftenabteilungen der Bibliotheken. Zu ihnen hat man meistens nur Zugang, wenn man ein Empfehlungsschreiben vorweisen kann, das bestätigt, dass man sich für eine Arbeit mit einer Handschrift beschäftigen muss. Für den Bachelor-Studiengang sind diese Spezialisierungen allerdings noch nicht vonnöten.

4 Archive

Die Sekundärliteratur bietet häufig ausreichende Informationen über die Kunstwerke. Es gibt allerdings in einigen Fällen auch Primärliteratur, also Quellen aus der Zeit, in der das Kunstwerk entstanden ist, die noch nicht veröffentlicht sind. Das können Auftragsschreiben sein oder Rechnungen, Beschreibungen des jeweiligen Kunstwerks und vieles andere mehr. Diese Primärquellen befinden sich meistens in Archiven. Es gibt die Stadtarchive, in denen sich all die Unterlagen finden, die zur Stadtgeschichte gehören. Dort sind auch oft die alten Meldebögen archiviert, anhand derer man feststellen kann, wann genau ein Künstler gelebt hat, aber auch, wo er lebte, woraus man dann oft schließen kann, ob er reich oder arm war. Andere Archive sind dem Land unterstellt, das sind dann die Landes- oder Staatsarchive. Hinzu kommen noch private Archive von alten Königshäusern, Klöstern, Kirchen, aber auch von einzelnen Künstlern. Um in ihnen forschen zu können, braucht man meistens eine besondere Genehmigung. Und auch mit der Genehmigung ist es noch nicht sicher, ob man all das zur Verfügung gestellt bekommt, was man einsehen möchte.

Die Archivarbeit ist bis zum Bachelor-Abschluss in der Regel nicht nötig. Doch für die Masterarbeit, die Promotion oder andere Forschungsaufträge kann die Archivarbeit sehr wichtig sein. Da es oft mühsam ist, alte Schriften zu entziffern, gibt es auch Kunsthistoriker, die sich auf Archivarbeit spezialisiert haben und anderen Forschern ihre Dienste anbieten.

VII Studium und Beruf

Der Reichskanzler Otto Fürst von Bismarck (1815–1898) soll gesagt haben: »Die erste Generation schafft Vermögen, die zweite verwaltet Vermögen, die dritte studiert Kunstgeschichte und die vierte verkommt vollends.« Schon dieses Bonmot zeigt die Stellung, die Kunsthistoriker damals in der Gesellschaft hatten. Sie waren Schmarotzer. Ganz so hart ist das Urteil heute nicht mehr, allerdings sind die Berufsaussichten von Kunsthistorikern schon immer schlecht gewesen, setzt man die Menge an Studierenden in Relation zu den zur Verfügung stehenden Stellen in den klassischen Berufsfeldern. Aber auch dann, wenn man andere Möglichkeiten der Berufsausübung für Kunsthistoriker in Betracht zieht, sind die Aussichten nicht besonders gut. Legt man viel Wert darauf, gutes Geld zu verdienen, sollte man sich eher für ein anderes Studium entscheiden. Denn in den meisten kunsthistorischen Berufen braucht man sehr viel Idealismus. Daran hat sich in den letzten 150 Jahren nichts geändert. Es gibt zwar heute mehr Berufsmöglichkeiten, aber auch sehr viel mehr Studienabsolventen, weshalb das Verhältnis von promovierten Kunsthistorikern zu vorhandenen Stellen zumindest gleich geblieben ist. Das Studium selbst hat sich tiefgreifend verändert, vor allem was den Aufbau und die Methode betrifft, ob zum Positiven oder Negativen wird sich erst in der Praxis erweisen.

1 Das Studium

Als die Kunstgeschichte an den Universitäten eingeführt wurde, war die einzige Möglichkeit des Abschlusses die

Promotion. Die Länge der Dissertation änderte sich zwar im Laufe der Zeit, doch erst in den 1970er Jahren wurde der Magister als Möglichkeit eingeführt, um das Studium auch ohne Promotion abzuschließen. Dennoch verlangten die klassischen Berufe weiterhin nach der Doktorarbeit. Wenige Jahre später war die erfolgreich abgeschlossene Magisterarbeit Voraussetzung dafür, eine Doktorarbeit schreiben zu dürfen. Zwischenprüfungen und die Anfertigung von Hausarbeiten kamen hinzu. Diese Form des Studiums gibt es seit einiger Zeit nicht mehr. Mit Beschluss eines einheitlichen Studiums in der EU im Jahr 1999 begannen die Universitäten, die EU-Vorgaben umzusetzen. Inzwischen setzt sich ein Studium aus folgenden Schritten zusammen.

1.1 Der Bachelor

Dieses Grundstudium dauert drei Jahre und soll Grundkenntnisse im Fach Kunstgeschichte vermitteln. Jede Universität hat allerdings eine eigene Studienordnung und legt auch andere Schwerpunkte fest. Insofern ist es sinnvoll, sich umfassend zu informieren, bevor man sich für einen Studienstandort entscheidet. Außerdem gibt es Universitäten mit Zulassungsbeschränkungen. Auch die Anzahl und die Wahl der Nebenfächer können von Universität zu Universität differieren.

Voraussetzung für das Studium der Kunstgeschichte ist das Abitur beziehungsweise die Hochschulreife. Lateinkenntnisse werden auch beim Bachelor verlangt, allerdings reichen hier meist Grundkenntnisse. Andere Sprachen werden zwar nicht ausdrücklich vorausgesetzt, sind aber für das Lesen der Fachliteratur erforderlich. Ohne Kenntnisse in Englisch, Französisch und Italienisch ist schon das Grundstudium kaum zu bewältigen.

Nach dem erfolgreichen Abschluss des Bachelor mit der Arbeit und der mündlichen Prüfung muss man sich entscheiden, ob man noch einen Masterstudiengang absolvieren möchte oder ob man gleich in das Berufsleben einsteigen will. In den klassischen Berufsfeldern wird allerdings immer noch die Promotion vorausgesetzt, in vielen anderen Berufen zumindest der Master.

Wo man mit dem Bachelor als Abschluss ohne weitere Zusatzausbildung Berufschancen hat, lässt sich heute nicht sicher sagen. Dazu ist dieser Studiengang noch zu neu. Noch vor dreißig Jahren war es quasi unmöglich, mit dem Magister eine Anstellung zu finden. Das änderte sich dann recht bald. Insofern kann es durchaus sein, dass der Bachelor in einigen Jahren akzeptiert wird. Noch ist dies kaum der Fall.

1.2 *Der Master*

Nach dem dreijährigen Bachelor-Studiengang kann man bei entsprechender Eignung (zum Beispiel einer guten Note im Bachelor) noch einen zweijährigen Masterstudiengang absolvieren. Hier hat man bereits die Chance der Spezialisierung. Neben dem Master in Kunstgeschichte gibt es ein vielfältiges Angebot wie Museologie, Denkmalpflege, verschiedene Kultur-Studiengänge, die einen befähigen, in verschiedenen Kultureinrichtungen sowie im Kulturmanagement zu arbeiten. Das heißt, man kann nach dem Grundstudium schon die Weichen stellen, ob man im Museum, in der Denkmalpflege oder in ganz anderen Bereichen arbeiten möchte.

1.3 Die Promotion

Der Abschluss des Masters (bis etwa 2018 an vielen Universitäten auch noch Magister) mit einer überdurchschnittlich guten Note befähigt zur Promotion. Welche Masterstudiengänge außer dem der Kunstgeschichte eine Promotion im Fach ermöglichen, unterscheidet sich ebenfalls von Universität zu Universität. Für die Promotion ist noch einmal ein Zeitraum von mindestens drei bis fünf Jahren einzurechnen. Inzwischen gibt es auch hier die Möglichkeit an Studiengängen teilzunehmen, die häufig mit einem Stipendium verbunden sind.

2 Klassische Berufsfelder

Unter den klassischen Berufsfeldern versteht man Lehre und Forschung an der Universität oder an einem Forschungsinstitut, die Arbeit in einem Museum oder in der Denkmalpflege. Die meisten dieser Stellen gehören zum öffentlichen Dienst und setzen in der Regel die Promotion voraus.

2.1 Die Universität

Das Ziel einer Universitätskarriere ist eine Professorenstelle. Dazu bedarf es nach Bachelor- und Masterstudiengang der Promotion, mit der man sich bereits spezialisiert. Anschließend folgt im besten Fall eine Stelle als wissenschaftlicher Mitarbeiter. Diese ist entweder an eine Professorenstelle oder an ein Forschungsprojekt gebunden. Die Stellen sind meistens auf sechs Jahre begrenzt, in denen man die Habilitationsschrift bewältigen sollte. Das ist eine weitere wissenschaftliche Arbeit, umfangreicher als die Promotion, mit einer erneuten Spezialisierung. Sie kann aus dem gleichen Feld stammen wir die Promotion, wodurch man sich dann stärker festlegt, als wenn man ein anderes Thema wählt, um nachzuweisen, dass man sich auf mehreren Gebieten auskennt.

Die wissenschaftlichen Mitarbeiter decken in der Lehre an den Universitäten viele Bereiche des Grundstudiums ab, das heißt sie unterrichten Studenten in den ersten Semestern, sind für die Studienberatung zuständig, betreuen Projekte und arbeiten in verschiedenen Gremien mit. Sie müssen sich also auch mit bürokratischen Dingen auseinandersetzen, was ihnen einen Vorgeschmack auf die Aufgaben als Professor bietet.

Nach der Habilitation erhält man die sogenannte Venia Legendi, die »Erlaubnis zu lesen«, das heißt zu lehren und vor allem Vorlesungen zu halten. Diese ›Erlaubnis‹ ist allerdings gleichzeitig eine Verpflichtung, Vorlesungen zu halten. Solange man noch keine Professorenstelle hat, muss man dies auch ohne Honorar tun, sonst verliert man die Venia Legendi.

Statt der Habilitation kann man sich inzwischen auch durch eine Juniorprofessur zum Professor qualifizieren. Diese wird bei herausragender Promotion ermöglicht, ist zeitlich befristet und natürlich ebenso wenig wie die Habilitation eine Garantie für eine Professorenstelle. Wird eine Stelle frei und ausgeschrieben, kommt es auch immer auf die eigene Spezialisierung an, ob es überhaupt sinnvoll ist, sich zu bewerben, denn wenn man sich in Promotion und Habilitation mit italienischer Malerei des 17. Jahrhunderts auseinandergesetzt hat, muss man sich nicht auf eine Stelle bewerben, die für mittelalterliche Architektur ausgeschrieben ist.

Wer sein Ziel, Professor zu werden, erreicht hat und auf eine Professorenstelle berufen wurde, ist verpflichtet, sowohl zu forschen als auch zu lehren. Hinzu kommt allerdings auch die Arbeit in verschiedenen Hochschulgremien und damit Bürokratie. Reine Forschung ist nur an wenigen Forschungsinstituten möglich sowie an den großen Bibliotheken in Florenz, München, Paris und Rom (s. S. 196 ff.).

Selbstverständlich kann man im Lauf seines Lebens an mehreren Universitäten lehren, denn es gibt natürlich auch Unterschiede in der Größe und Bedeutung der einzelnen Institute. Außerdem ist es möglich, sich auf eine andere Stelle zu bewerben, vom einfachen Professor zum Lehrstuhlinhaber aufzusteigen oder gar Leiter an einem der Forschungsinstitute zu werden. In den Bewerbungen ist man auch nicht auf Deutschland beschränkt. Hinzu kommen die anderen deutschsprachigen Länder Österreich und Schweiz, aber auch jedes andere Land, sofern man die Sprache beherrscht.

2.2 *Das Museum*

Es gibt sehr viel mehr Stellen in Museen als an der Universität, also auch eine größere Wahrscheinlichkeit, eine Stelle zu finden. In den meisten Museen ist die Promotion nach wie vor Voraussetzung auch für eine Volontariatsstelle, in

Ausnahmefällen erhält man sie auch mit dem Magister bzw. Master als Abschluss. Dabei kann es entscheidend sein, in welchem Studiengang man den Master abgeschlossen hat. Museologie, Kulturmanagement und ähnliche Fächer können da durchaus hilfreich sein.

Das Volontariat ist je nach Größe des Museums sehr unterschiedlich beschaffen. In so großen Institutionen wie den Bayerischen Staatsgemäldesammlungen in München oder den Staatlichen Museen Berlin durchläuft man mehrere Stationen, lernt also unterschiedliche Museumsarten wie Gemälde- und Skulpturensammlung, Grafisches Kabinett oder sogar das Theatermuseum kennen.

An kleineren Museen gibt es solche Stationen natürlich nicht. Dort befindet man sich zwei Jahre lang in einem Haus mit mehr oder weniger großen Abteilungen. Doch auch dort lernt man natürlich viele Dinge, die im Studium vernachlässigt wurden oder werden mussten, etwa den Umgang mit Originalen, die Inventarisierung, Katalogisierung und Konservierung der Sammlung, die Vorbereitung einer Ausstellung nicht nur inhaltlich, sondern auch technisch: Das heißt konkret, man muss Leihanfragen an andere Museen stellen, die Kunstwerke versichern und vieles mehr. Außerdem gibt es vor allem in kleineren Museen keine eigenen Stellen für Presse- und Öffentlichkeitsarbeit. Auch dieser Bereich will gelernt werden, ebenso wie der Kontakt mit den Besuchern, sei es bei Führungen, Beschwerden oder bei der Begutachtung von Kunstwerken. Denn inzwischen wird fast überall der Service angeboten, dass das Publikum mit geerbten, gekauften, schon lang im Besitz befindlichen Werken ins Museum kommen und Auskunft einholen kann. Schriftliche Anfragen anderer

Museen, von Fachleuten, aber auch von Interessierten müssen beantwortet werden und vieles mehr.

Nach dem Volontariat wird man nur selten in demselben Museum weiterbeschäftigt. Man begibt sich also auf Stellensuche in der Hoffnung, irgendwo eine feste Anstellung zu bekommen. Die Spezialisierung durch die Doktorarbeit ist dabei nicht ganz so ausschlaggebend, da das Volontariat das Spektrum der Möglichkeiten häufig erweitert hat. Dennoch ist es relativ unwahrscheinlich, dass man mit Kenntnis der Malerei des 19. Jahrhunderts eine Stelle in einem Museum bekommt, das seinen Schwerpunkt auf die Skulptur des Mittelalters gelegt hat. Als festangestellter Kustos (oder Kuratorin) ist man dann in einem Museum für einen Teil der Sammlung zuständig, muss daneben aber natürlich auch andere Aufgaben erfüllen. Der größte und arbeitsintensivste Aufgabenbereich ist mit Sicherheit der laufende Ausstellungsbetrieb.

Am Ende der Museums-Karriere kann natürlich eine Direktorenstelle stehen, wobei die Sammlungsleiter in einem der ganz großen Museen oft die anspruchsvollere Arbeit ausführen beziehungsweise besser dotiert sind als die Direktoren kleinerer Häuser.

2.3 *Die Denkmalpflege*

Ähnlich wie die Museen bieten die einzelnen Denkmalpflegeämter Volontariate an. Und wie im Museum kann man sich durch den Master-Studiengang Denkmalpflege bereits im Vorfeld spezialisieren. Allerdings empfiehlt es sich auch nach erfolgreichem Abschluss des Masterstudiengangs, eine Doktorarbeit zu schreiben, die ein Architekturthema behandelt. Denn in der Denkmalpflege (s. S. 188 ff.) hat man es vor allem mit der Inventarisierung, der Sicherung und Wiederherstellung von Bauten zu tun.

Denkmalpflege ist in der Bundesrepublik Deutschland Ländersache. Deshalb gibt es in jedem Bundesland ein Landesdenkmalpflegeamt (auch wenn es manchmal etwas anders heißt), das dann je nach Größe des Lands in einzelne Gebiete unterteilt ist, dem ein Gebietsreferent vorsteht. Dessen Mitarbeiter sind dann wiederum für Teilgebiete zuständig. Nicht alle Mitarbeiter sind jedoch Kunsthistoriker. Sie teilen sich die Arbeit mit anderen Spezialisten (s. auch S. 188 ff.).

Den Landesämtern sind die unteren Denkmalschutzbehörden in größeren Städten oder den einzelnen Kreisen zugeordnet. Sie stellen die Ansprechpartner für die Bürger dar, die in denkmalgeschützten Häusern wohnen oder solche besitzen. Auch hier arbeiten Kunsthistoriker, ebenso wie in den kirchlichen Denkmalpflegestellen.

In Österreich ist ein Bundesdenkmalamt für den Denkmalschutz zuständig, in dem die einzelnen Landeskonservatoren mit ihren jeweiligen Teams angesiedelt sind. Und auch die Schweiz besitzt mit der Eidgenössischen Kommission für Denkmalpflege eine zentrale Behörde, der die kantonalen und kommunalen Fachstellen für Denkmalpflege und Archäologie zugeordnet sind.

3 Andere Möglichkeiten

Für Kunsthistoriker gab es schon immer die Möglichkeit, andere Berufe ins Auge zu fassen, häufig allerdings verbunden mit einer weiteren Qualifikation.

3.1 Feste Stellen

Kunsthistoriker können eine Zusatzausbildung zum Bibliothekar machen. Dann sind sie befähigt, in einer kunstwissenschaftlich ausgerichteten Bibliothek zu arbeiten, also in einer der wenigen Forschungsbibliotheken oder aber in einer Universitätsbibliothek mit Schwerpunkt Kunstgeschichte (beispielsweise in Heidelberg) oder speziellen Kunstbibliotheken wie in Berlin. Die wenigsten kunsthistorischen Institute haben eine Stelle für wissenschaftliche Bibliothekare, aber auch diese gibt es, beispielsweise in Bonn oder Berlin (FU).

Mehr Stellen für Kunsthistoriker bieten die großen Auktionshäuser an. Für diese Arbeit benötigt man neben dem Fachwissen eine hervorragende Kennerschaft, die man sich unabhängig vom Studium aneignen kann und muss, um in diesem Metier zu bestehen. Außerdem ist hier auch ein Volontariat in einem Museum hilfreich. Ähnlich verhält es sich mit der Arbeit als Berater, sei es von Privatleuten oder Unternehmen, die Kunst sammeln möchten, sich aber kein eigenes Urteil zutrauen.

Die großen überregionalen Tageszeitungen besitzen innerhalb des Feuilletons ein Kunstressort, zu dem häufig sogar mehrere Stellen gehören. Auch diese Stellen sind zumeist mit promovierten Kunsthistorikern besetzt, die außerdem eine Journalistenausbildung oder ein Volontariat bei einer Zeitung absolviert haben. Ähnlich verhält es sich mit den wenigen Stellen für Kunsthistoriker bei Funk und Fernsehen. Auch TV- und Radioredakteure müssen sich durch Zusatzausbildungen für eine solche Stelle qualifizieren.

In den Kunstverlagen sind ähnliche Voraussetzungen gegeben, da neben dem Fachwissen auch die Fähigkeit zum Redigieren und Grundkenntnisse in der Herstellung von Büchern verlangt werden.

3.2 *Freiberufliche Kunsthistoriker*

Die bislang aufgezählten Möglichkeiten der Stellenfindung klingen zwar vielfältig, es sind allerdings nur wenige dieser Stellen verfügbar, setzt man sie ins Verhältnis zu den Mengen an ausgebildeten Kunsthistorikern. Insofern wächst der Anteil an freiberuflichen Kunsthistorikern kontinuierlich. Als 2011 eine Agentur nach Autoren für Audioguides suchte, bewarben sich etwa tausend qualifizierte Fachleute.

Als Freiberufler kommen Arbeiten in den klassischen Berufsfeldern insofern in Frage, da immer mehr Arbeit durch Werkverträge abgedeckt wird, zum Beispiel für die Erarbeitung eines Katalogs, die Inventarisierung von Denkmälern usw. Nach ein paar Jahren ist diese Arbeit getan und der- oder diejenige muss sich nach neuen Betätigungsfeldern umschauen. Allerdings ergibt sich in sehr seltenen Fällen die Möglichkeit, durch eine qualifizierte Arbeit doch noch zu einer festen Stelle bei einer Institution zu kommen.

Die meisten Freiberufler haben mehrere Standbeine. Sie arbeiten als Führungskräfte in Museen, beim Fremdenverkehrsamt als Stadtführer oder bei Reiseunternehmen als wissenschaftliche Reiseleiter. Sie schreiben Ausstellungsbesprechungen oder Buchrezensionen für die Medien, redigieren Kunstbücher, bieten Archivarbeit an, kuratieren und eröffnen Ausstellungen, schreiben Bücher, Katalogbeiträge, Lexikonartikel, Audioguides und führen die unterschiedlichsten Beratertätigkeiten aus.

All diese Tätigkeiten werden meistens sehr schlecht bezahlt, so dass Freiberufler mit qualifizierter Ausbildung von den niedrigsten Gehältern festangestellter Kunsthistoriker nur träumen können.

VIII Anhang

Um sich über ein Kunstwerk, eine Epoche, eine Landschaft zu informieren, gibt es etliche Standardwerke, durch die man sich einen ersten Überblick verschaffen kann. Außerdem helfen Internetportale mit Informationen und Quellenmaterial weiter. Auch wenn an einigen Stellen innerhalb des Texts bereits Portale benannt und Literatur aufgelistet wurde, soll dies hier noch einmal zusammenfassend geschehen.

1 Nützliche Internetadressen

Das Zentralinstitut für Kunstgeschichte (www.zikg.eu) bietet verschiedene Datenbanken an wie GDK Research (Große Deutsche Kunstausstellungen) oder das Farbdiaarchiv. Außerdem kann man von hier auf den Verbundkatalog zugreifen (*kubikat*), auf den Art Discovery Group Catalogue (https://artlibraries.on.worldcat.org/discovery) und auf weitere Datenbanken, die allerdings nicht alle offen zugänglich sind. Auf einige von ihnen hat man nur an den Computern der Bibliothek Zugang, gegebenenfalls auch in der Bibliothek des Instituts, an dem man studiert.

Die kunsthistorischen Portale, die dort aufgelistet und mit den jeweiligen Links versehen sind, sind jedoch alle frei zugänglich. Wichtig ist vor allem arthistoricum.net, eine Seite, auf der sich Literatur, Forschungsvorhaben, elektronische Zeitschriften und vieles mehr befinden. Die UB Heidelberg bietet mit dem DFG-Sondersammelgebiet Kunstgeschichte die Möglichkeit, ältere Literatur online zu lesen. Diese und die anderen Portale auf der Seite des ZI sollte man einfach ausprobieren um herauszufinden, ob sie für einen nützlich sind. Hinzu kommen weitere Informationen und Hinweise auf mehrere Bilddatenbanken.

Der Verband deutscher Kunsthistoriker bietet auf seiner Seite (www.kunsthistoriker.org) Informationen zum Studium der Kunstgeschichte sowie eine Liste mit allen Universitäten, an denen man in Deutschland Kunstgeschichte studieren kann mit den Links auf die jeweiligen Institute. Diesen Service bietet auch die Vereinigung der Kunsthistorikerinnen und Kunsthistoriker in der Schweiz VKKS (www.vkks.ch) und in Österreich die Seite des Verbandes österreichischer Kunsthistorikerinnen und Kunsthistoriker (https://voekk.at/de/kunstgeschichte-oesterreich/studium-lehre-und-forschung).

Für alle Fragen im Zusammenhang mit Museen sind die Seiten von ICOM (www.icom-deutschland.de; icom.museum) nützlich, ebenso wie für die Denkmalpflege diejenigen von ICOMOS (www.icomos.de; icomos.org/fr).

Sämtliche hier genannten Internetadressen waren am Redaktionsstichtag, 15. Mai 2022, gültig.

2 Literatur

Um sich bei einem Thema einen ersten Überblick zu verschaffen, ist es sinnvoll, in einem Lexikon unter den jeweiligen Stichwörtern nachzuschauen. In manchen der Lexika findet sich auch weiterführende Literatur. Außerdem gibt es natürlich Überblickswerke, die einem zu einem Einstieg verhelfen können. Einige Literaturangaben sind bereits bei den einzelnen Kapiteln notiert. Hier finden sich nur einige wenige Angaben von wichtigen Büchern beziehungsweise Reihen, die man unbedingt kennen sollte. Insofern sind diese Informationen weit davon entfernt, auch nur ansatzweise alle Hilfsmittel aufzuzählen. Sie wollen nicht mehr als einen Einstieg bieten, durch den man weitere Literatur finden kann.

Lexika:

AKL Allgemeines Künstler Lexikon. Die Bildenden Künstler aller Zeiten und Völker. Bd. 1–65. München/Leipzig 1992–2009. Bd. 66–119. Berlin / New York 2010–23.
Ein umfassendes Künstler-Lexikon, das auch online gegen Gebühr benutzt werden kann, und das ab 2023 online weitergeführt wird. Es steht in der Nachfolge von:

Thieme/Becker Thieme, Ulrich / Becker, Felix (Hrsg.): Allgemei-

nes Lexikon der bildenden Künstler von der Antike bis zur Gegenwart. 37 Bde. Leipzig 1907–50.
Vollmer Vollmer, Hans (Hrsg.): Allgemeines Lexikon der bildenden Künstler des 20. Jahrhunderts. 6 Bde. Leipzig 1953–62. [Reprint beider Lexika: München 1992.]
Die Artikel aus letzteren beiden Lexika finden sich auch auf der Online-Datenbank des AKL.
RDK Reallexikon zur Deutschen Kunstgeschichte. 10 Bde. Bd. 1–5: Stuttgart 1937–67. Bd. 6–10: München 1973–2003.
Ausführliche Informationen zu den einzelnen Stichwörtern, in gedruckter Form bis zum Stichwort »Fries«, seitdem online verfügbar: https://rdklabor.de. Bietet einen hervorragenden Überblick, allerdings fehlen noch zahlreiche Stichworte.
LDK Lexikon der Kunst. 5 Bde. Leipzig 1968–1978. – Völlig überarb. Neuaufl.: 7 Bde. Leipzig 1987–94.
Sehr viel weniger ausführlich, dafür vollständig, allerdings immer wieder mit Verweisen auf die marxistisch orientierte Kunstgeschichte der DDR, zumindest bis Bd. 2 der Neuauflage. Auch als CD-ROM verfügbar.
DA Turner, Jane (Hrsg.): The Dictionary of Art. 34 Bde. London 1996.
Sehr viel ausführlicher als das LDK.
LCI Kirschbaum, Engelbert (Hrsg.): Lexikon der christlichen Ikonographie. 8 Bde. Rom [u. a.] 1968–76. [Reprint: Rom 2004.]
Ein spezielles Lexikon für christliche Ikonografie mit umfassenden Erklärungen.
HPI Fleckner, Uwe / Warnke, Martin / Ziegler, Hendrik (Hrsg.): Handbuch der politischen Ikonographie. 2 Bde. München 2011.
Ausführliche Artikel zu den einzelnen Stichworten mit umfangreichen Literaturangaben.
Pfisterer, Ulrich (Hrsg.): Metzler Lexikon Kunstwissenschaft. Ideen, Methoden, Begriffe. Stuttgart/Weimar 2003.

Kleine Lexika für den ersten Überblick:

Es ist hilfreich, sie sich im Laufe des Studiums anzuschaffen.

Binding, Günther / Koepf, Hans: Bildwörterbuch der Architektur. 5., durchges. und erg. Aufl. Stuttgart 2016.
Lieb, Stefanie (Bearb.) / Jahn, Johannes (Begr.): Wörterbuch der Kunst. Stuttgart 2008.
Jordan, Stefan / Müller, Jürgen (Hrsg.): Grundbegriffe der Kunstwissenschaft. Stuttgart 2018.
Keller, Hiltgart L.: Lexikon der Heiligen und biblischen Gestalten. Legende und Darstellung in der bildenden Kunst. 14. Aufl. Stuttgart: 2019.
Kretschmer, Hildegard: Lexikon der Symbole und Attribute in der Kunst. 8. Aufl. Stuttgart: 2020.

Einführende Werke:

Bauer, Hermann: Kunsthistorik. Eine kritische Einführung in das Studium der Kunstgeschichte. München 1979.
Belting, Hans [u. a.] (Hrsg.): Kunstgeschichte. Eine Einführung. 7., überarb. und erw. Aufl. Berlin 2008.
Betthausen, Peter [u. a.] (Hrsg.): Metzler Kunsthistoriker Lexikon. Stuttgart 1999.
Brassat, Wolfgang / Kohle, Hubertus: Methoden-Reader Kunstgeschichte. Köln 2003.
Gombrich, Ernst H.: Die Geschichte der Kunst. Erw., neu bearb. 16. Aufl. Berlin 2009; erste dt. Kompaktausg. Berlin 2016. [1. Aufl. Köln 1952.]
Held, Jutta / Schneider, Norbert: Grundzüge der Kunstwissenschaft. Gegenstandsbereiche – Institutionen – Problemfelder. Köln 2007.
Kohle, Hubertus: Digitale Bildwissenschaft. Glückstadt 2013. [Auch online: archiv.ub.uni-heidelberg.de/artdok/2185/1/Kohle_Digitale_Bildwissenschaften_2013.pdf.]
Kultermann, Udo: Geschichte der Kunstgeschichte. Der Weg einer Wissenschaft. Erw. Neuaufl. München 1996.

Michalski, Sergiusz: Einführung in die Kunstgeschichte. Darmstadt 2015.
Pfisterer, Ulrich (Hrsg.): Klassiker der Kunstgeschichte. 2 Bde. München 2007/08.
Pfisterer, Ulrich: Kunstgeschichte zur Einführung. Hamburg 2020.
Prochno, Renate: Das Studium der Kunstgeschichte. Eine praxisbetonte Einführung. 3., überarb. Aufl. Berlin 2008.

Überblickswerke:

Propyläen Kunstgeschichte in 22 Bänden. Berlin 1966–83. – Nachdr.: Frankfurt a. M. [u. a.] 1985.
Geschichte der bildenden Kunst in Österreich. 6 Bde. München [u. a.] 1998–2003.
Kunst-Epochen. Vom frühen Christentum bis zur Gegenwart. 12 Bde. in Kassette. Stuttgart 2020.
Geschichte der bildenden Kunst in Deutschland. 8 Bde. München [u. a.] 2006–09.

Gombrich, Ernst H.: Geschichte der Kunst. Berlin 2002. [1. Aufl. 1952.]
Honour, Hugh / Fleming, John: Weltgeschichte der Kunst. München [u. a.] 2000.
Klotz, Heinrich / Warnke, Martin: Geschichte der deutschen Kunst. 3 Bde. München 1998.
Suckale, Robert: Kunst in Deutschland. Köln 1998.

3 Abbildungen

Personenregister

Sachregister

Zur Autorin

SUSANNA PARTSCH, geboren in Bonn-Bad Godesberg, studierte Kunstgeschichte, Ethnologie und Pädagogik in Heidelberg und wurde 1980 mit einer Arbeit über *Profane Buchmalerei der bürgerlichen Gesellschaft im spätmittelalterlichen Florenz* promoviert. 1981 volontierte sie am Wilhelm-Hack-Museum in Ludwigshafen und war dort von 1982 bis 1985 Kustodin für Öffentlichkeitsarbeit und Museumspädagogik. Seit 1985 ist sie als freiberufliche Autorin in München tätig. 1998 erhielt sie den Deutschen Jugendliteraturpreis für das Buch *Haus der Kunst. Ein Gang durch die Kunstgeschichte von der Höhlenmalerei bis zum Graffiti*, München 1997. Es folgten 2000 die Nominierung für den Deutschen Jugendliteraturpreis mit *Wie die Häuser in den Himmel wuchsen. Die Geschichte des Bauens*, München 1999 und 2009 mit *Der Traum vom Fliegen. Wie Leonardo & Co. sich und anderen Flugapparate bauten*, Berlin 2008 , und 2018 mit *Schau mir in die Augen, Dürer. Die Kunst der Alten Meister*, München 2018.. Sie publizierte weitere Bücher u.a. zu Gustav Klimt, Franz Marc, Paul Klee sowie über Kunstfälschung , Kunstdiebstahl und über Moderne Kunst.

Im Reclam Verlag erschienen zwei Bände der *Kunst-Epochen*: 2002 Band 11: *20. Jahrhundert I*, und 2004 Band 1: *Frühchristliche und byzantinische Kunst*.

Dank

Bei der Entstehung dieses Buches habe ich von Ratschlägen vieler Kolleginnen und Kollegen profitieren dürfen. Ihnen allen sei hier gedankt, ohne sie namentlich aufzuführen, bis auf zwei: Gabriele Wimböck, die mich bei der Gliederung auf nötige Aspekte hinwies, vor allem aber Pia Rudolph, die das Manuskript während der Entstehung immer wieder gelesen und mir an vielen Stellen mit kritischen Anmerkungen geholfen hat.

Dem Reclam Verlag danke ich für die gute Zusammenarbeit bei der Entstehung dieser *Einführung in die Kunstgeschichte*.